맛있는 스쿨 단과 강좌 할인 쿠폰

인강 할인 이벤트

할인 코드 **spkhanyu_lv1**

단과 강좌 할인 쿠폰
20% 할인

할인 쿠폰 사용 안내
1. 맛있는스쿨(cyberjrc.com)에 접속하여 [회원가입] 후 로그인을 합니다.
2. 메뉴中[쿠폰] → 하단[쿠폰 등록하기]에 쿠폰번호 입력 → [등록]을 클릭하면 쿠폰이 등록됩니다.
3. [단과] 수강 신청 후, [온라인 쿠폰 적용하기]를 클릭하여 등록된 쿠폰을 사용하세요.
4. 결제 후, [나의 강의실]에서 수강합니다.

쿠폰 사용 시 유의 사항
1. 본 쿠폰은 맛있는스쿨 단과 강좌 결제 시에만 사용이 가능합니다.
2. 본 쿠폰은 타 쿠폰과 중복 할인이 되지 않습니다.
3. 교재 환불 시 쿠폰 사용이 불가합니다.
4. 쿠폰 발급 후 60일 내로 사용이 가능합니다.
5. 본 쿠폰의 할인 코드는 1회만 사용이 가능합니다.
*쿠폰 사용 문의 : 카카오톡 채널 @맛있는스쿨

맛있는 톡 할인 쿠폰

전화 화상 할인 이벤트

할인 코드 **jrcphone2qsj**

전화&화상 외국어 할인 쿠폰
10,000원

할인 쿠폰 사용 안내
1. 맛있는톡 전화&화상 중국어(phonejrc.com), 영어(eng.phonejrc.com)에 접속하여 [회원가입] 후 로그인을 합니다.
2. 메뉴中[쿠폰] → 하단[쿠폰 등록하기]에 쿠폰번호 입력 → [등록]을 클릭하면 쿠폰이 등록됩니다.
3. 전화&화상 외국어 수강 신청 시 [온라인 쿠폰 적용하기]를 클릭하여 등록된 쿠폰을 사용하세요.

쿠폰 사용 시 유의 사항
1. 본 쿠폰은 전화&화상 외국어 결제 시에만 사용이 가능합니다.
2. 본 쿠폰은 타 쿠폰과 중복 할인이 되지 않습니다.
3. 교재 환불 시 쿠폰 사용이 불가합니다.
4. 쿠폰 발급 후 60일 내로 사용이 가능합니다.
5. 본 쿠폰의 할인 코드는 1회만 사용이 가능합니다.
*쿠폰 사용 문의 : 카카오톡 채널 @맛있는스쿨

100만 독자의 선택
맛있는 중국어 시리즈

회화

첫걸음·초급
▶ 중국어 발음과 기본 문형 학습
▶ 중국어 뼈대 문장 학습

초·중급
▶ 핵심 패턴 학습
▶ 언어 4대 영역 종합 학습

맛있는 중국어
Level ❶ 첫걸음

맛있는 중국어
Level ❷ 기초 회화

맛있는 중국어
Level ❸ 초급 패턴1

맛있는 중국어
Level ❹ 초급 패턴2

맛있는 중국어
Level ❺ 스피킹

맛있는 중국어
Level ❻ 중국통

기본서

▶ 재미와 감동, 문화까지 **독해**
▶ 어법과 어감을 통한 **작문**
▶ 60가지 생활 밀착형 회화 **듣기**

▶ 이론과 트레이닝의 결합! **어법**
▶ 듣고 쓰고 말하는 **간체자**

맛있는 중국어 독해 ❶❷   NEW맛있는 중국어 작문 ❶❷   맛있는 중국어 듣기

NEW맛있는 중국어 어법   맛있는 중국어 간체자

비즈니스

▶ 비즈니스 중국어 초보 탈출! **첫걸음**
▶ 중국인 동료와 의사소통이 가능한 **일상 업무편**
▶ 입국부터 출국까지 완벽 가이드! **중국 출장편**
▶ 중국인과의 거래, 이젠 자신만만! **실전 업무편**

맛있는
비즈니스 중국어
Level ❶ 첫걸음

맛있는
비즈니스 중국어
Level ❷ 일상 업무

맛있는
비즈니스 중국어
Level ❸ 중국 출장

맛있는
비즈니스 중국어
Level ❹ 실전 업무

최신개정

스피킹 중국어

JRC 중국어연구소 기획·저

STEP

1

맛있는 books

스피킹 **중국어** STEP **1**

제1판 1쇄 발행	2013년 12월 24일
제2판 1쇄 인쇄	2022년 12월 15일
제2판 2쇄 발행	2024년 7월 15일

기획·저	JRC 중국어연구소
발행인	김효정
발행처	맛있는books
등록번호	제2006-000273호

주소	서울시 서초구 명달로 54 JRC빌딩 7층
전화	구입문의 02·567·3861	02·567·3837
	내용문의 02·567·3860
팩스	02·567·2471
홈페이지	www.booksJRC.com

ISBN	979-11-6148-066-4 14720
	979-11-6148-065-7 (세트)
정가	16,000원

머리말

『최신 개정 **스피킹 중국어**』 시리즈는 첫걸음 수준의 쉬운 회화부터 고급 수준의 세련된 회화까지 중국어 말하기를 제대로 트레이닝 할 수 있도록 총 8권으로 구성되어 있습니다.

『최신 개정 **스피킹 중국어 STEP 1**』은 『NEW 스피킹 중국어 첫걸음』의 개정판으로 내용을 새롭게 업그레이드하여 중국어 발음을 정확하게 익히고 회화와 어법을 공부한 후에 스피킹 실력을 더욱 탄탄하게 다질 수 있습니다. 또한 정확하고 유창한 중국어 구사에서 중국인의 실생활과 문화의 이해까지, 다양한 재미를 통해 여러분이 중국어 회화에 자신감을 가질 수 있도록 도와드릴 것입니다.

이 책의 특징은

먼저, **신선한 내용과 구성입니다.** 단순한 회화 패턴의 반복을 탈피하고 실제적인 스피킹 실력 배양에 도움이 되는 내용으로만 구성했습니다. 일상생활에서 접할 수 있는 여러 가지 상황을 통해 기초 회화를 익힐 수 있을 뿐만 아니라, 12과에서 익힌 회화와 어법을 잘 활용하면 기초적인 의사소통을 할 수 있습니다.

두 번째, **말하기 훈련에 중점을 두었습니다.** 과마다 반복적으로 말하는 훈련을 할 수 있도록 코너를 구성하여 스피킹에 익숙해질 수 있습니다. 또한 연습 문제를 통해 학습한 내용을 확인하는 동시에 복습이 가능합니다. 중국어 문장을 충분히 말하다 보면 자연스럽게 외우게 되고, 상황에 맞게 활용할 수 있는 '나만의 표현'이 됩니다.

세 번째, **새롭게 복습과와 워크북을 구성하였습니다.** 본책에서는 복습을 추가 구성하여 학습한 내용을 다시 정리하면서 문제 풀이로 복습하고, 별책으로 워크북을 추가하여 다양한 문제를 연습하여 실력을 확인할 수 있습니다.

마지막으로, **중국과 친해질 수 있습니다.** 중국의 사회, 문화를 함께 알아가며 중국어 학습의 흥미를 더할 수 있도록 하였습니다. 각 과의 '중국 엿보기', 'PLUS⁺' 코너를 통해 현재의 중국을 느끼며 더 재미있게 공부하길 바랍니다.

학습자들이 이 책을 통해 중국어를 쉽게 느끼고 재미있게 학습하여, '중국어 스피킹'에 자신감을 갖고 원하는 목표에 도달하기 바랍니다.

JRC 중국어연구소

차례

학습 내용

이 책의 구성

主要句子 key expressions

주요 구문만 암기해도 스피킹 자신감 충전!

각 과의 주요 표현과 어법이 담긴 핵심 문장을 활용도 높은 단어로 교체 연습하며 암기할 수 있어요.

生词 words

단어 암기, 스스로 체크체크!

회화에 나오는 주요 단어를 한눈에 확인할 수 있어요.

발음 트레이닝

훈련이 필요하거나 틀리기 쉬운 발음 또는 성조를 연습할 수 있어요.

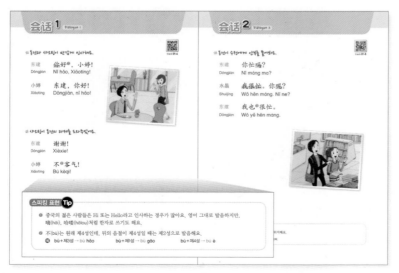

会话 Dialogue

상황별 생생한 회화 마스터!

일상생활의 다양한 주제로 생생한 회화를 만날 수 있어요.

스피킹 표현 Tip

어법에서 다루지 못한 꼭 알아야 할 표현을 정리했어요.

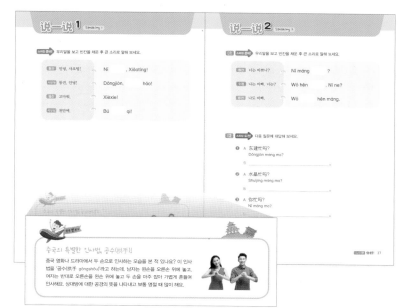

说一说 Speaking

도전 중국어 스피킹!

「스피킹 준비!」, 「스피킹 도전!」 코너로 단계별 말하기 훈련이 가능해요. 회화의 내용을 큰 소리로 말하며 복습하고, 상황별 질문에 자유롭게 대답해 보세요.

중국 엿보기

중국의 사회, 문화, 기념일, 관광 명소 등 다양한 방면의 정보를 쉽고 재미있게 소개해요.

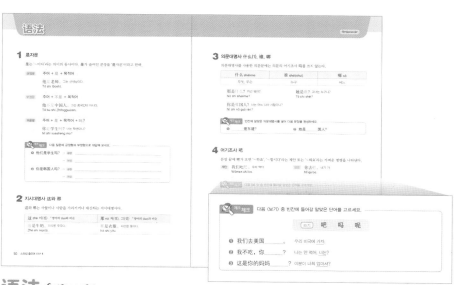

语法 Grammar

핵심 어법 마스터!

스피킹에서 꼭 알아야 하는 핵심 어법을 쉬운 예문과 함께 정리했어요. 어법을 학습한 후 「체크체크」 문제로 실력을 다져 보세요!

练习 Exercises

실력이 쌓인다!

발음 연습, 문장 듣기, 스피킹, 쓰기 등 다양한 연습 문제로
학습한 내용을 복습하며 자신의 실력을 다시 한 번 점검할 수 있어요.

문화 PLUS⁺

중국어에 재미를 플러스!

중국어 학습에 흥미를 더할 수 있는 문화 플러스
코너를 통해 중국을 이해하고 더욱 친해질 수 있어요.

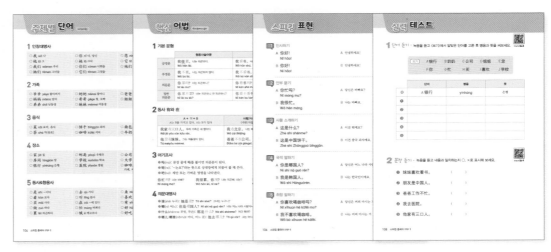

复习

한눈에 요점만 쏙쏙!

앞에서 학습한 주요 내용을 복습하고 문제를 풀어 보며 실력을 다질 수 있어요.

워크북(별책)

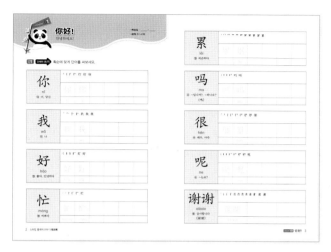

간체자 쓰기

본책에서 학습한 주요 단어를 획순에 맞게 써보며 쓰기 연습을 할 수 있어요.

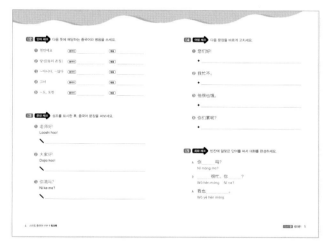

연습 문제

본책에서 학습한 단어, 어법, 회화를 다시 한 번 복습하며 실력을 점검할 수 있게 문제를 구성했어요.

MP3 파일 사용법

▶ MP3 파일 트랙 번호 보는 방법

과 ── ┌── 트랙 번호

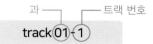

▶ MP3 파일 듣는 방법

책 속의 QR코드를 스캔하면 바로 음원을 들을 수 있습니다.

맛있는북스 홈페이지에 로그인한 후 MP3 파일을 다운로드해서 들을 수 있습니다.

이 책의 등장인물

朴东建
Piáo Dōngjiàn

박동건(한국인, 회사원)

내년에 베이징에 갈 예정이라
퇴근 후 학원에서 열심히 중국어 공부 중

王小婷
Wáng Xiǎotíng

왕샤오팅(중국인, 대학생)

동건의 친구, 한국어를 배우기 위해
한국에서 유학 중

朴英爱
Piáo Yīng'ài

박영애
(한국인, 동건의 여동생)

朴尚民
Piáo Shàngmín

박상민
(한국인, 동건의 남동생)

金氷晶
Jīn Shuǐjīng

김수정
(한국인, 동건의 친구)

李琳
Lǐ Lín

리린
(중국인, 동건의 중국어 선생님)

▶ **품사 약어표**

품사명	약어	품사명	약어	품사명	약어
명사	명	고유명사	고유	조동사	조동
동사	동	인칭대명사	대	접속사	접
형용사	형	의문대명사	대	감탄사	감탄
부사	부	지시대명사	대	접두사	접두
수사	수	어기조사	조	접미사	접미
양사	양	동태조사	조	수량사	수량
개사	개	구조조사	조		

▶ **고유명사 표기**

중국의 지명, 기관 등의 명칭은 중국어 발음을 우리말로 표기하는 것을 원칙으로 하였고, 인명은 각 나라에서 실제로 읽히는 발음을 한국어로 표기했습니다. 단, 우리에게 한자 독음으로 잘 알려진 고유명사는 한자 독음으로 표기했습니다.

⑩ 北京 Běijīng 베이징　　安娜 Ānnà 안나　　天安门 Tiān'ānmén 천안문

중국어
발음

중국어란

■ 우리가 배우는 중국어는?

중국은 드넓은 땅에 여러 소수 민족이 어우러져 살고 있다. 이로 인해 그 지방 고유의 방언과 소수 민족의 언어가 매우 다양하다. 방언은 단순히 말투나 어휘 정도만 다른 것이 아니라 발음 자체가 다르기 때문에 중국인들끼리도 알아듣지 못해 중국은 공식적으로 표준어를 제정하였는데, 이것을 **보통화(普通话** pǔtōnghuà)라고 한다. 보통화는 '베이징의 음'을 표준음으로 하고, '북방 방언'을 기초 방언으로 한다. 우리가 배우는 중국어는 바로 보통화, 즉 표준어다. 그리고 일반적으로 중국어는 '한족의 언어'라는 의미로 **汉语**(Hànyǔ)라고 한다.

■ 문맹률을 낮춘 간체자(简体字 jiǎntǐzi)

현재 중국에서 통용되는 한자는 **간체자**로, 예전에 쓰던 **번체자(繁体字** fántǐzi)를 간단하게 바꾼 글자이다. 1950년대 중국 정부는 국민의 문맹률을 낮추기 위한 일환으로 간체자를 만들어 보급하였고, 실제로 문맹률을 낮추는 데 기여했다고 한다. 현재 중국 대륙과 싱가포르, 말레이시아에서는 간체자를 사용하고 있다. 다만 타이완과 홍콩 등지에서는 아직도 번체자를 쓰고 있다.

■ 발음 표시는 한어병음으로!

로마자(알파벳)를 사용하여 중국어 발음을 표기하는 부호를 **한어병음(汉语拼音** Hànyǔ pīnyīn)이라 한다. 한어병음의 알파벳은 영어의 발음과는 다른 발음이 많으니 주의해야 한다.

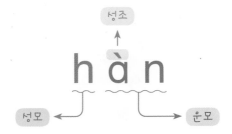

중국어의 음절 구성

■ 성모(声母 shēngmǔ)

성모는 중국어 음절 중 앞부분으로, 대부분 자음으로 이루어져 있으며 모두 21개이다. 중국어 음절에는 자음이 아닌 모음으로 시작되는 것도 있는데, 이때의 성모를 영성모(零声母)라고 한다.

b p m	f	
d t n l	g k h	j q x
z c s	zh ch sh r	

■ 운모(韵母 yùnmǔ)

운모는 음절의 뒷부분으로, 모음 그리고 모음과 자음이 결합된 것(예 iao, an)이 있다. 일반적으로 운모는 36개이다.

a o e i u ü   ai ao an ang

ou ong   ei en eng er

ia ie iao iou ian iang iong in ing

ua uo uai uan uang uei uen ueng

üe üan ün

■ 성조(声调 shēngdiào)

성조는 음절의 높낮이를 표시한 것으로, 중국어에는 네 개의 성조가 있다.

성조

성조는 음의 높낮이를 가리키는데, 제1성(一), 제2성(／), 제3성(∨), 제4성(＼)이 있다. 중국어는 글자 하나하나 모두 고유의 성조를 가지고 있다. 발음이 같아도 성조가 다르면 의미가 달라지기 때문에 중국어에서 성조는 매우 중요하다.

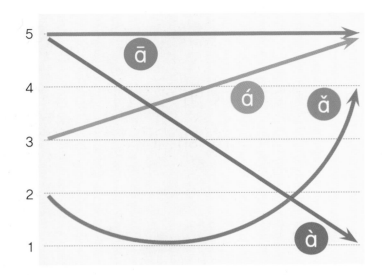

성조	표기	발음 방법		예
제1성	一	높고 평평한 음으로, '솔' 음에서 시작하여 같은 음으로 끝까지 유지한다.	**8**	bā 八 8, 여덟
제2성	／	중간 높이에서 시작하여 제1성 높이까지 높게 끌어올린다.		bá 拔 뽑다, 빼다
제3성	∨	약간 낮은 음에서 시작하여 가장 낮은 음으로 내렸다가 다시 올려 준다.		bǎ 把 쥐다, 잡다
제4성	＼	가장 높은 음인 제1성 높이에서 가장 낮은 음으로 툭 떨어뜨린다.		bà 爸 아빠

tip 본래의 성조가 변하여 가볍고 짧게 발음되는 경우가 있는데, 이를 **경성**이라고 해요. 경성은 성조를 표기하지 않아요.

단운모

단운모는 하나의 모음으로 이루어진 소리로 6개가 있다.

a
아

māma

妈妈 엄마

o
오~어

bózi

脖子 목

e
으~어

chē

车 차

tip
- a는 입을 크게 벌려 '아'로 발음해요.
- o는 입을 반쯤 벌려 '오' 모양으로 만든 후 '오~어'로 발음해요.
- e는 입을 양쪽으로 약간 벌려 '으~어'로 발음해요.

i
이

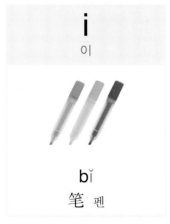

bǐ

笔 펜

u
우

kū

哭 울다

ü
위

lǜ

绿 녹색

tip
- i는 입술을 양쪽으로 길게 벌려 '이'로 발음해요.
- u는 입모양을 작고 동그랗게 만들어 '우'로 발음해요.
- ü는 '이' 발음의 입모양에서 입술을 둥글게 앞으로 내밀어 '위'로 발음하되, 입술을 바로 펴지 않고 둥근 상태로 유지하며 발음해요.
- 운모 i, u, ü가 성모 없이 단독으로 쓰일 때는 각각 yi, wu, yu로 표기해요.

성모

❶ 쌍순음(双脣音) : 두 입술을 붙였다가 떼면서 발음하는 소리이다.

b(o)
뽀~어

bù
不 ~아니다

p(o)
포~어

pí
皮 가죽

m(o)
모~어

mǎ
马 말

❷ 순치음(脣齒音) : 아랫입술을 윗니에 대고 그 틈으로 공기를 마찰하여 발음하는 소리이다.

f(o)
포~어

fó
佛 부처

tip • f는 영어의 'f'처럼 발음해요.

❸ 설첨음(舌尖音) : 혀끝을 윗잇몸에 댔다가 떼면서 발음하는 소리이다.

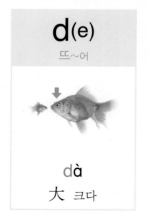

d(e)
뜨~어

dà
大 크다

t(e)
트~어

tǎ
塔 탑

n(e)
느~어

nǚ
女 여자

l(e)
르~어

lí
梨 배

❹ 설근음(舌根音) : 혀뿌리로 목구멍을 막았다가 떼면서 발음하는 소리이다.

g(e)
끄~어

gēge

哥哥 형, 오빠

k(e)
크~어

kǎ

卡 카드

h(e)
흐~어

hē

喝 마시다

❺ 설면음(舌面音) : 혀의 앞면을 앞쪽 입천장에 댔다가 떼면서 발음하는 소리이다.

j(i)
지

jī

鸡 닭

q(i)
치

qù

去 가다

x(i)
시

xǐ

洗 씻다

> **tip** · 운모 ü와 결합하는 성모는 n, l, j, q, x 5개뿐이에요. 그중 n와 l는 nǚ, lǚ와 같이 두 점을 찍어서 표기하지만,
> j, q, x는 두 점을 생략해서 jū, qù, xū와 같이 표기하고 ü로 발음해요.

❻ 설치음(舌齿音) : 혀끝을 윗니의 뒷면에 댔다가 떼면서 발음하는 소리이다.

Z(i) 쯔	C(i) 츠	S(i) 쓰

zǐnǚ 子女 자녀	cā 擦 닦다	sì 四 4, 넷

❼ 권설음(卷舌音) : 혀끝을 말아서 입천장에 가까이하여 발음하는 소리이다.

zh(i) 즈	ch(i) ㅡ츠	sh(i) 스	r(i) 르

zhájī 炸鸡 치킨	chá 茶 차	shū 书 책	rè 热 덥다

 • 성모 z, c, s, zh, ch, sh, r가 운모 i와 결합할 때는 i를 '으'로 발음해요.

track 00-6

 다음 발음을 따라 읽어 보세요.

① bá　　gé　　kǎ　　fā　　tǔ

② lè　　nǐ　　mò　　dé　　pū

③ hā　　fù　　xī　　qù　　jú

④ zhā　　cū　　rù　　shā　　sù

⑤ cì　　sī　　chā　　zé　　rì

a, o, e로 시작하는 운모

track **00-7**

❶ a로 시작하는 운모

ai 아~이	**ao** 아~오	**an** 안	**ang** 앙
cài 菜 요리, 음식	bāo 包 가방	lán 蓝 파란색	táng 糖 사탕

❷ o로 시작하는 운모

ou 어~우	**ong** 옹
gǒu 狗 개	hóng 红 빨간색

❸ e로 시작하는 운모

ei 에~이	**en** 으언	**eng** 으엉	**er** 얼
bēizi 杯子 잔, 컵	mén 门 문	fēng 风 바람	érzi 儿子 아들

tip
- ai, ei, ao, ou처럼 두 개의 운모로 이루어진 운모를 **복운모**라고 해요.
- an, ang, ong, en, eng처럼 콧소리가 들어가는 특징을 갖는 운모를 **비운모**라고 해요.
- er은 **권설운모**로 혀끝을 살짝 말아 우리말의 '얼'처럼 발음해요.

track **00-8**

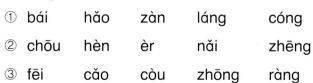 다음 발음을 따라 읽어 보세요.

① bái　　hǎo　　zàn　　láng　　cóng

② chōu　　hèn　　èr　　nǎi　　zhēng

③ fēi　　cǎo　　còu　　zhōng　　ràng

i, u, ü로 시작하는 운모

❶ i로 시작하는 운모

i 뒤에 다른 운모가 결합되어 만들어진 운모로, i는 짧게 발음하고 뒤의 운모를 길게 발음한다. 성모 없이 i로 시작되는 경우에는 i 대신 y를 쓰고, i가 단독으로 쓰일 때는 yi로 표기한다.

ia	ie	iao	iou(iu)
이아	이에	이아오	이어우
xiā	xié	yào	qiū
虾 새우	鞋 신발	药 약	秋 가을

tip • 운모 iou가 성모와 결합할 때는 iou에서 o를 생략하고 iu로 표기해요.

ian	iang	iong
이앤	이앙	이옹
qián	xiāngzi	xióngmāo
钱 돈	箱子 상자	熊猫 판다

in	ing
인	잉
Yìndù	bǐnggān
印度 인도	饼干 과자

❷ u로 시작하는 운모

u 뒤에 다른 운모가 결합되어 만들어진 운모로, u는 짧게 발음하고 뒤의 운모를 길게 발음한다. 성모 없이 u로 시작되는 경우에는 u 대신 w를 쓰고, u가 단독으로 쓰일 때는 wu로 표기한다.

ua	uo	uai	uan
우아	우어	우아이	우안
xīguā	Zhōngguó	kuàizi	chuán
西瓜 수박	中国 중국	筷子 젓가락	船 배

uang 우앙	**uei(ui)** 우에이	**uen(un)** 우언	**ueng** 우엉
chuáng 床 침대	**shuǐ** 水 물	**lúnzi** 轮子 바퀴	**wèng** 瓮 항아리, 독

tip
- uei가 성모와 결합할 때는 uei에서 e를 생략하고 ui로 표기해요.
- uen이 성모와 결합할 때는 uen에서 e를 생략하고 un으로 표기해요.

❸ ü로 시작하는 운모

ü 뒤에 다른 운모가 결합되어 만들어진 운모로, 성모 없이 ü로 시작되는 경우에는 ü를 yu로 표기한다.

üe 위에	**üan** 위앤	**ün** 윈
xuésheng 学生 학생	**tàijíquán** 太极拳 태극권	**qúnzi** 裙子 치마

tip
- 운모 uan과 üan(yuan)에서 a는 서로 다르게 발음돼요. uan은 우리말의 '우안'과 비슷하게, üan(yuan)은 우리말의 '위앤'과 비슷하게 발음해요.
- üe, üan, ün이 성모 j, q, x와 결합할 때는 ü의 두 점을 생략해서 jué, quān, xùn과 같이 표기해요.

 다음 발음을 따라 읽어 보세요.

track 00-10

① jiǎ   qié   lián   yǒng   xīn

② yóu   jiào   níng   xiǔ   qiāng

③ guā   cuò   chuāi   wén   duì

④ huān   kùn   shuǎng   wéi   yuè

⑤ qún   lüè   quān   yuán   huái

성조 변화

❶ 경성(轻声)

경성은 성조 표기를 따로 하지 않으며, 앞 음절의 성조에 따라 높낮이가 결정된다.

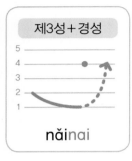

❷ 제3성의 성조 변화

• 제3성＋제3성 : 제3성 음절이 연이어 나오면 앞 음절은 제2성으로 발음한다. 성조 표기는 원래 성조대로 한다.

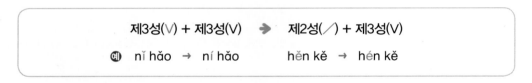

• 반3성 : 「제3성＋제1, 2, 4성, 경성」의 경우에 앞 음절 제3성을 내려가는 부분만 발음하고 높이 올라가는 뒷부분은 생략하여 발음하는데, 이를 '반3성'이라고 한다.

❸ 不(bù)의 성조 변화

不는 뒤의 음절이 제4성일 때만 제2성으로 발음하며, 성조도 변화된 것으로 표기한다.

不(bù) + 제4성 ➡ 不(bú) + 제4성

㉾ bù kàn → bú kàn   bù shì → bú shì

---

❹ 一(yī)의 성조 변화

숫자 一는 단독으로 쓰이거나 서수로 쓰일 때는 제1성으로 발음하고, 그 외의 경우에는 성조가 변한다.

- 一 + 제1, 2, 3성 : 一는 제4성(yì)으로 읽는다.

   yì bēi   yì píng   yì běn

- 一 + 제4성, 경성 : 一는 제2성(yí)으로 읽는다.

   yí jiàn   yí ge

1. 성조 표기법

성조는 단운모 a, o, e, i, u, ü 위에 제1성(—), 제2성(╱), 제3성(∨), 제4성(╲)의 성조 부호로 표기한다. 운모가 여러 개 있을 경우에는 입이 가장 크게 벌어지는 운모의 순서로 표기한다.

> a > o=e > i=u=ü

① a가 있으면 a 위에 표기한다. ㉾ lái, kǎo
② a가 없으면 o, e 위에 표기한다. ㉾ duō, jiě
③ i, u가 함께 있는 음절은 i, u 중 뒤에 오는 운모에 표기한다. ㉾ duì, niú
④ i 위에 성조를 표기할 때 i 위의 점은 생략한다. ㉾ qī, dīng

2. 한어병음 표기법

① 병음은 알파벳 소문자로 표기한다. ㉾ miànbāo 面包 빵
② 하나의 단어는 붙여서 표기한다. ㉾ kàn diànshì 看电视 TV를 보다
③ 문장의 첫음절이나, 고유명사의 첫음절은 알파벳 대문자로 표기한다.
   ㉾ Nǐ hǎo! 你好! 안녕하세요!   Zhōngguó 中国 중국
④ 인명의 성과 이름은 띄어 쓰고, 각각의 첫음절은 대문자로 표기한다.
   ㉾ Piáo Dōngjiàn 朴东建 박동건   Tāng Wéi 汤唯 탕웨이
⑤ a, o, e로 시작하는 음절이 다른 음절 뒤에 올 때, 음절의 구분을 정확하게 하기 위해서 격음부호[']를 쓴다.
   ㉾ kě'ài 可爱 귀엽다   Tiān'ānmén 天安门 톈안먼, 천안문

연습문제

track **00-12**

1 녹음을 듣고 알맞은 성조를 표시해 보세요.

❶ wo   ❷ ge   ❸ hao

❹ shi   ❺ qu   ❻ xue

❼ kafei   ❽ Hanguo   ❾ yeye

❿ jiejie   ⓫ didi   ⓬ pengyou

track **00-13**

2 녹음을 듣고 빈칸에 알맞은 성모를 써보세요.

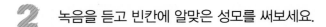

❶   ù   ❷   iě   ❸   ǔ

❹   uǒ   ❺   iāng   ❻   āng

❼   í   iú   ❽   iā   én

❾   āo   ì   ❿   ī   u

녹음을 듣고 빈칸에 알맞은 병음을 써보세요.

track 00-14

❶ l   ❷ w   ❸ k

❹ n   ❺ h   ❻ g

❼ j   d   ❽ q   z

❾ l   x   ❿ h   s

4

녹음을 듣고 해당하는 음절을 고르세요.

track 00-15

❶ xīngqī   ❷ Hànyǔ   ❸ lǎoshī
   xīngqì   Hányǔ   láoshī

❹ zàijiān   ❺ yuánxíng   ❻ yìdiǎn
   zàijiàn   xuánxíng   yīdiǎn

❼ yòuhǎo   ❽ míngzi   ❾ tiānkōng
   yǒuhǎo   míngzì   tiāncōng

중국어 음절 결합표

운모\성모	a	o	e	-i	er	ai	ei	ao	ou	an	en	ang	eng	ong	i	ia	iao	ie
b	ba	bo				bai	bei	bao		ban	ben	bang	beng		bi		biao	bie
p	pa	po				pai	pei	pao	pou	pan	pen	pang	peng		pi		piao	pie
m	ma	mo	me			mai	mei	mao	mou	man	men	mang	meng		mi		miao	mie
f	fa	fo					fei		fou	fan	fen	fang	feng					
d	da		de			dai	dei	dao	dou	dan	den	dang	deng	dong	di		diao	die
t	ta		te			tai		tao	tou	tan		tang	teng	tong	ti		tiao	tie
n	na		ne			nai	nei	nao	nou	nan	nen	nang	neng	nong	ni		niao	nie
l	la		le			lai	lei	lao	lou	lan		lang	leng	long	li	lia	liao	lie
z	za		ze	zi		zai	zei	zao	zou	zan	zen	zang	zeng	zong				
c	ca		ce	ci		cai		cao	cou	can	cen	cang	ceng	cong				
s	sa		se	si		sai		sao	sou	san	sen	sang	seng	song				
zh	zha		zhe	zhi		zhai	zhei	zhao	zhou	zhan	zhen	zhang	zheng	zhong				
ch	cha		che	chi		chai		chao	chou	chan	chen	chang	cheng	chong				
sh	sha		she	shi		shai	shei	shao	shou	shan	shen	shang	sheng					
r			re	ri				rao	rou	ran	ren	rang	reng	rong				
j															ji	jia	jiao	jie
q															qi	qia	qiao	qie
x															xi	xia	xiao	xie
g	ga		ge			gai	gei	gao	gou	gan	gen	gang	geng	gong				
k	ka		ke			kai	kei	kao	kou	kan	ken	kang	keng	kong				
h	ha		he			hai	hei	hao	hou	han	hen	hang	heng	hong				
단독 쓰임	a	o	e		er	ai	ei	ao	ou	an	en	ang	eng		yi	ya	yao	ye

28 스피킹 중국어 STEP 1

iou (iu)	ian	in	iang	ing	iong	u	ua	uo	uai	uei (ui)	uan	uen (un)	uang	ueng	ü	üe	üan	ün
	bian	bin		bing		bu												
	pian	pin		ping		pu												
miu	mian	min		ming		mu												
						fu												
diu	dian			ding		du		duo		dui	duan	dun						
	tian			ting		tu		tuo		tui	tuan	tun						
niu	nian	nin	niang	ning		nu		nuo			nuan				nü	nüe		
liu	lian	lin	liang	ling		lu		luo			luan	lun			lü	lüe		
						zu		zuo		zui	zuan	zun						
						cu		cuo		cui	cuan	cun						
						su		suo		sui	suan	sun						
						zhu	zhua	zhuo	zhuai	zhui	zhuan	zhun	zhuang					
						chu	chua	chuo	chuai	chui	chuan	chun	chuang					
						shu	shua	shuo	shuai	shui	shuan	shun	shuang					
						ru	rua	ruo		rui	ruan	run						
jiu	jian	jin	jiang	jing	jiong										ju	jue	juan	jun
qiu	qian	qin	qiang	qing	qiong										qu	que	quan	qun
xiu	xian	xin	xiang	xing	xiong										xu	xue	xuan	xun
						gu	gua	guo	guai	gui	guan	gun	guang					
						ku	kua	kuo	kuai	kui	kuan	kun	kuang					
						hu	hua	huo	huai	hui	huan	hun	huang					
you	yan	yin	yang	ying	yong	wu	wa	wo	wai	wei	wan	wen	wang	weng	yu	yue	yuan	yun

＊감탄사에 쓰이는 특수한 음절(ng, hng 등)은 생략하였습니다.

기본 인사말

track 00-16

01 만났을 때

A Nǐ hǎo!   你好!   안녕!
B Nǐ hǎo!   你好!   안녕!

02 헤어질 때

A Zàijiàn!   再见!   잘 가!(안녕!)
B Zàijiàn!   再见!   잘 가!(안녕!)

03 감사할 때

A Xièxie!   谢谢!   고마워!
B Bú kèqi.   不客气。   천만에.

04 미안할 때

A Duìbuqǐ!   对不起!   미안해!
B Méi guānxi.   没关系。   괜찮아.

你好!

Nǐ hǎo!

안녕하세요!

主要句子 key Expressions

track 01-1

■ 주요 문장을 따라 읽으며 중국어의 뼈대를 다지세요.

 인사할 때

你 好! **Nǐ hǎo!** 안녕하세요!

你们 nǐmen	너희들
老师 lǎoshī	선생님
大家 dàjiā	여러분

'제3성+제3성'은 '제2성+제3성'으로 변해요.
'nǐ hǎo'는 실제로 'ní hǎo'로 발음하고,
성조 표기는 원래대로 해요.

02 상태를 물을 때

你 忙 吗? **Nǐ máng ma?** 당신은 바빠요?

累 lèi	피곤하다
饿 è	배고프다
渴 kě	목마르다

문장 끝에 吗(ma)를
붙이면 의문문이 돼요.

生词 words

■ 새로 나온 단어를 따라 읽으며 익혀 보세요.

会话 1

☐☐ 你　　　　nǐ　　　　[대] 너, 당신

☐☐ 好　　　　hǎo　　　[형] 좋다, 안녕하다

☐☐ 谢谢　　　xièxie　　[동] 감사합니다

☐☐ 不客气　　bú kèqi　　별말씀을요, 천만에요

会话 2

☐☐ 忙　　　　máng　　　[형] 바쁘다

☐☐ 吗　　　　ma　　　　[조] ~입니까?, ~하나요?[문장 끝에 쓰여 의문문을 만듦]

☐☐ 我　　　　wǒ　　　　[대] 나

☐☐ 很　　　　hěn　　　[부] 매우, 아주

☐☐ 呢　　　　ne　　　　[조] ~는요?

☐☐ 也　　　　yě　　　　[부] ~도, 또한

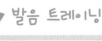 발음 트레이닝

track 01-3

제3성이 연이어 나오면 앞의 제3성은 제2성으로 발음해요. (빨간색은 제2성으로 읽어요.)

nǐ hǎo	hěn hǎo	hǎo jiǔ
liǎng diǎn	wǔ diǎn	yǔsǎn
děng nǐ	jǐ kǒu	Fǎyǔ

track **01-4**

\# 동건과 샤오팅이 반갑게 인사해요.

东建	你好❶, 小婷!
Dōngjiàn	Nǐ hǎo, Xiǎotíng!

小婷	东建，你好!
Xiǎotíng	Dōngjiàn, nǐ hǎo!

\# 샤오팅이 동건의 과제를 도와주었어요.

东建	谢谢!
Dōngjiàn	Xièxie!

小婷	不❷客气!
Xiǎotíng	Bú kèqi!

스피킹 표현 Tip

❶ 중국의 젊은 사람들은 Hi 또는 Hello라고 인사하는 경우가 많아요. 영어 그대로 발음하지만, 嗨(hāi), 哈喽(hālou)처럼 한자로 쓰기도 해요.

❷ 不(bù)는 원래 제4성인데, 뒤의 음절이 제4성일 때는 제2성으로 발음해요.
  예 bù+제3성 ⋯▶ bù hǎo　　　bù+제1성 ⋯▶ bù gāo　　　bù+제4성 ⋯▶ bú è

说一说 1 Speaking 1

스피킹 준비! 우리말을 보고 빈칸을 채운 후 큰 소리로 말해 보세요.

동건	안녕, 샤오팅!		Nǐ ___, Xiǎotíng!
샤오팅	동건, 안녕!		Dōngjiàn, ___ hǎo!
동건	고마워.		Xièxie!
샤오팅	천만에.		Bú ___ qi!

중국의 특별한 인사법, 공수(拱手)!

중국 영화나 드라마에서 두 손으로 인사하는 모습을 본 적 있나요? 이 인사법을 '공수(拱手 gǒngshǒu)'라고 하는데, 남자는 왼손을 오른손 위에 놓고, 여자는 반대로 오른손을 왼손 위에 놓고 두 손을 마주 잡아 가볍게 흔들며 인사해요. 상대방에 대한 공경의 뜻을 나타내고 보통 명절 때 많이 해요.

会话 2 Dialogue 2

track 01-5

#동건이 수정에게 안부를 물어봐요.

东建 你忙吗?
Dōngjiàn Nǐ máng ma?

水晶 我很忙。你呢?
Shuǐjīng Wǒ hěn máng. Nǐ ne?

东建 我也❸很忙。
Dōngjiàn Wǒ yě hěn máng.

스피킹 표현 Tip

❸ 也와 很이 함께 쓰일 때는 也가 앞에 위치해요.

예 我也很饿。 Wǒ yě hěn è. 나도 배고파.

说一说 2 Speaking 2

01 스피킹 준비! 우리말을 보고 빈칸을 채운 후 큰 소리로 말해 보세요.

동건	너는 바쁘니?	Nǐ máng ⬚ ?
수정	나는 바빠. 너는?	Wǒ hěn ⬚ . Nǐ ne?
동건	나도 바빠.	Wǒ ⬚ hěn máng.

02 스피킹 도전! 다음 질문에 대답해 보세요.

❶ A 东建忙吗?
　　Dōngjiàn máng ma?

　　B _____。

❷ A 水晶忙吗?
　　Shuǐjīng máng ma?

　　B _____。

❸ A 你忙吗?
　　Nǐ máng ma?

　　B _____。

语法

1 인칭대명사

인칭대명사는 '나', '너', '우리'처럼 사람을 대신하여 나타낸다. 복수를 나타낼 때는 인칭대명사 뒤에 접미사 们(men)을 붙인다.

	단수	복수
1인칭	我 wǒ 나	我们 wǒmen 우리
2인칭	你 nǐ 너, 당신 / 您 nín 당신[존칭]	你们 nǐmen 너희들 *您们 형식으로는 쓰이지 않음
3인칭	他 tā 그[남자] / 她 tā 그녀[여자] / 它 tā 그것[사물이나 동물]	他们 tāmen 그들[남자 또는 남녀] / 她们 tāmen 그녀들 / 它们 tāmen 그것들

> **체크 체크** 다음 빈칸에 알맞은 한자, 병음, 뜻을 쓰세요.
>
> ❶ 我 → _____ → 나　　❷ _____ → nín → 당신
>
> ❸ _____ → _____ → 그녀　　❹ 你们 → _____ → _____

2 형용사술어문

형용사가 술어인 문장을 '형용사술어문'이라고 한다. 긍정문에서는 형용사 앞에 부사 很을 습관적으로 붙이는데, 이때 很은 '매우', '아주'라고 해석하지 않아도 된다.

긍정문　**주어 + 很 + 형용사**

我很累。 나는 피곤하다.
Wǒ hěn lèi.

부정문　**주어 + 不 + 형용사**

我不累。 나는 피곤하지 않다.
Wǒ bú lèi.

의문문　주어 + 형용사 + 吗?

你累吗? 너는 피곤하니?
Nǐ lèi ma?

체크체크　제시된 단어를 배열하여 문장을 완성하세요.

❶ 他 / 忙 / 不　⟶ _____
　　　　　　　　그는 바쁘지 않다.

❷ 饿 / 吗 / 你　⟶ _____
　　　　　　　　너는 배고프니?

❸ 很 / 渴 / 我们　⟶ _____
　　　　　　　　우리는 목말라.

3 吗와 呢

❶ 吗는 문장 끝에 쓰여 '~입니까?', '~하나요?'의 뜻으로 의문문을 만든다.

你好吗? 너는 잘 지내니?　　　　你忙吗? 너는 바쁘니?
Nǐ hǎo ma?　　　　　　　　　　Nǐ máng ma?

❷ 呢는 문장 끝에 쓰여 우리말의 '~는요?'처럼 짧게 물어보는 말이 된다.

你呢? 너는?　　　　　　　　　他们呢? 그들은?
Nǐ ne?　　　　　　　　　　　　Tāmen ne?

New 단어　们 men 접미 ~들[사람을 지칭하는 명사나 대명사의 뒤에 쓰여 복수를 나타냄] | 不 bù 부 ~아니다, ~않다[부정]

track 01-6

1 발음 연습 · 녹음을 듣고 빈칸에 알맞은 병음을 써보세요.

❶ n ☐ ❷ h ☐ ❸ h ☐

❹ n ☐ ❺ m ☐ ❻ k ☐

track 01-7

2 문장 듣기 · 녹음을 듣고 사진과 일치하는지 ○, ×로 표시해 보세요.

❶

❷

❸

❹

3 도전! 스피킹 · 그림을 보고 대화를 완성해 보세요.

❶

A 老师好!
　Lǎoshī hǎo!

B ＿＿＿＿＿＿＿＿＿＿＿＿＿＿＿＿ 。

❷

A ＿＿＿＿＿＿＿＿＿＿＿＿＿＿＿＿ ?

B 我很饿。
　Wǒ hěn è.

4 쓰기 내공 쌓기 · 다음 문장을 중국어와 병음으로 써보세요.

❶ 안녕!

중국어 ＿＿＿＿＿＿＿＿＿＿＿　　병음 ＿＿＿＿＿＿＿＿＿＿＿

❷ 너는 바쁘니?

중국어 ＿＿＿＿＿＿＿＿＿＿＿　　병음 ＿＿＿＿＿＿＿＿＿＿＿

❸ 고마워!

중국어 ＿＿＿＿＿＿＿＿＿＿＿　　병음 ＿＿＿＿＿＿＿＿＿＿＿

문화 PLUS⁺

중국의 정식 명칭과 기본 정보에 대해 알아봐요.

중국의 공식 명칭은 중화인민공화국(中华人民共和国 Zhōnghuá Rénmín Gònghéguó)이에요. 중(中)은 '중심'이라는 뜻이고 '화(华)'는 '문화'라는 뜻으로, 중국이 '세계의 중심' 또는 '문화의 중심'이라는 의미를 나타내요.

국토 면적은 약 960만㎢로 한반도의 약 44배예요. 러시아, 캐나다, 미국 다음으로 넓은 국토를 갖고 있으며, 동쪽으로는 북한, 북쪽으로 러시아와 몽골, 서쪽으로는 인도, 네팔, 파키스탄, 아프가니스탄, 남쪽으로는 미얀마, 라오스, 베트남 등과 인접해 있어요.

중국은 세계 1위의 인구를 가진 거대한 나라예요. 인구가 약 14억으로 우리나라의 27배, 세계 인구의 5분의 1을 차지하고 있죠. 수도는 베이징(北京 Běijīng)이고 중국어를 공용어로 사용하고 있으며 화폐 단위는 위안(元 yuán)이에요.

chapter 02

他是谁?

Tā shì shéi?

그는 누구예요?

主要句子

track **02-1**

■ 주요 문장을 따라 읽으며 중국어의 뼈대를 다지세요.

01 가까이 있는 것을 소개할 때

这是 饼干 。 Zhè shì bǐnggān.
이것은 과자예요.

书 책
shū

牛奶 우유
niúnǎi

衣服 옷
yīfu

가까이 있는 것을 가리킬 때는 这(zhè),
멀리 있는 것을 가리킬 때는 那(nà)를
써서 말해요.

02 국적을 말할 때

我是 韩国人 。 Wǒ shì Hánguórén.
나는 한국인이에요.

美国人 미국인
Měiguórén

中国人 중국인
Zhōngguórén

日本人 일본인
Rìběnrén

生词 words

■ 새로 나온 단어를 따라 읽으며 익혀 보세요.

会话 1

□□	这	zhè	대 이, 이것
□□	是	shì	동 ~이다
□□	什么	shénme	대 무엇, 무슨
□□	饼干	bǐnggān	명 과자
□□	好吃	hǎochī	형 맛있다
□□	吃	chī	동 먹다
□□	吧	ba	조 문장 끝에 쓰여 제안, 청유, 명령 등의 어감을 나타냄
□□	中国	Zhōngguó	고유 중국

会话 2

□□	他	tā	대 그
□□	谁	shéi(shuí)	대 누구
□□	的	de	조 ~의
□□	朋友	péngyou	명 친구
□□	哪	nǎ	대 어느, 어떤
□□	国	guó	명 나라
□□	人	rén	명 사람
□□	美国	Měiguó	고유 미국

 발음 트레이닝

track 02-3

제3성이 제1, 2, 4성, 경성 앞에 오면 반3성으로 발음해요. (빨간색은 반3성으로 읽어요.)

제3성+제1성	bǐnggān	hǎochī	lǎoshī
제3성+제2성	Měiguó	nǎ guó	hěn máng
제3성+제4성	hěn lèi	hěn è	hǎoyùn
제3성+경성	nǐmen	nǎinai	jiějie

\# 샤오팅이 중국 과자를 먹고 있어요.

东建 这 ❶ 是什么?
Dōngjiàn Zhè shì shénme?

小婷 这是中国饼干。
Xiǎotíng Zhè shì Zhōngguó bǐnggān.

东建 好吃吗?
Dōngjiàn Hǎochī ma?

小婷 很好吃，你也吃吧。
Xiǎotíng Hěn hǎochī, nǐ yě chī ba.

스피킹 표현 Tip

❶ 중국인들은 这를 'zhèi'로 발음하는 경우가 많아요. 마찬가지로 那를 'nèi', 哪를 'něi'로 발음하기도 해요.

说一说 1 Speaking 1

스피킹 준비! 우리말을 보고 빈칸을 채운 후 큰 소리로 말해 보세요.

동건	이건 뭐야?	Zhè shì ⬚ ?
샤오팅	이건 중국 과자야.	⬚ ⬚ Zhōngguó bǐnggān.
동건	맛있어?	⬚ ma?
샤오팅	맛있어, 너도 먹어 봐.	Hěn hǎochī, nǐ yě ⬚ ⬚ .

중국 엿보기

중국의 간식 탕후루(糖葫芦)

탕후루(糖葫芦 tánghúlu)는 중국 베이징(北京 Běijīng)의 대표적인 전통 간식이에요. 탕후루는 산사나무나 명자나무의 열매를 긴 나무 막대에 끼워 물엿을 바른 뒤 굳혀서 만들어요. 산사나무의 열매는 소화를 돕는 데 효과가 있어서 중국 한의학에서는 체했을 때 약으로 사용하기도 했어요. 최근에는 딸기, 파인애플, 바나나, 키위 등 다양한 과일로 만드는 경우가 많아요.

track 02-5

\# 샤오팅은 사진 속 인물이 궁금해요.

小婷	他是谁?
Xiǎotíng	Tā shì shéi?

东建	他是我的❷朋友。
Dōngjiàn	Tā shì wǒ de péngyou.

小婷	他是哪国人?
Xiǎotíng	Tā shì nǎ guó rén?

东建	他是美国人。
Dōngjiàn	Tā shì Měiguórén.

스피킹 표현 Tip

❷ 조사 的는 '~의'라는 뜻으로 뒤의 명사를 수식하는 역할을 해요. 친밀한 관계나 소속 등을 나타낼 때는 的가 생략되기도 해요.

예 我的书 wǒ de shū 나의 책
我的朋友 wǒ de péngyou (⋯ 我朋友 wǒ péngyou) 내 친구[친밀한 관계]
我的家 wǒ de jiā (⋯ 我家 wǒ jiā) 우리 집[소속]

New 단어 家 jiā 명 집

说一说 2 Speaking 2

01 스피킹 준비! 우리말을 보고 빈칸을 채운 후 큰 소리로 말해 보세요.

샤오팅	그는 누구야?	Tā shì _____ ?
동건	그는 내 친구야.	Tā shì wǒ de _____ .
샤오팅	그는 어느 나라 사람이야?	Tā shì _____ _____ rén?
동건	그는 미국인이야.	Tā shì _____ rén.

02 스피킹 도전! 다음 질문에 대답해 보세요.

❶ A 他是谁?
　　Tā shì shéi?

　 B _____ 。

❷ A 你是哪国人?
　　Nǐ shì nǎ guó rén?

　 B _____ 。

❸ A 你的老师是哪国人?
　　Nǐ de lǎoshī shì nǎ guó rén?

　 B _____ 。

참고
단어

*韩国 Hánguó 고유 한국
*日本 Rìběn 고유 일본
*英国 Yīngguó 고유 영국
*法国 Fǎguó 고유 프랑스
*越南 Yuènán 고유 베트남
*加拿大 Jiānádà 고유 캐나다

语法

1 是자문

是는 '~이다'라는 의미의 동사이다. 是가 술어인 문장을 '是자문'이라고 한다.

긍정문 　주어 + 是 + 목적어

他是老师。그는 선생님이다.
Tā shì lǎoshī.

부정문 　주어 + 不是 + 목적어

他不是中国人。그는 중국인이 아니다.
Tā bú shì Zhōngguórén.

의문문 　주어 + 是 + 목적어 + 吗?

你是学生吗? 너는 학생이니?
Nǐ shì xuésheng ma?

체크 체크　다음 질문에 긍정형과 부정형으로 대답해 보세요.

❶ 他们是学生吗? → 긍정 _____

→ 부정 _____

❷ 你是韩国人吗? → 긍정 _____

→ 부정 _____

---

2 지시대명사 这와 那

这와 那는 사물이나 사람을 가리키거나 대신하는 지시대명사다.

这 zhè 이(것) *영어의 this와 비슷	那 nà 저(것), 그(것) *영어의 that과 비슷
这是牛奶。이것은 우유다. Zhè shì niúnǎi.	那是衣服。저것은 옷이다. Nà shì yīfu.

3 의문대명사 什么(1), 谁, 哪

의문대명사를 사용한 의문문에는 의문의 어기조사 吗를 쓰지 않는다.

什么 shénme	谁 shéi(shuí)	哪 nǎ
무엇, 무슨	누구	어느

那是什么? 저건 뭐야?
Nà shì shénme?

她是谁? 그녀는 누구니?
Tā shì shéi?

你是哪国人? 너는 어느 나라 사람이니?
Nǐ shì nǎ guó rén?

 체크 체크 빈칸에 알맞은 의문대명사를 넣어 다음 문장을 완성하세요.

❶ _____是东建? ❷ 她是_____国人?

4 어기조사 吧

문장 끝에 吧가 오면 '~하죠', '~합시다'라는 제안 또는 '~해요'라는 가벼운 명령을 나타낸다.

제안 我们吃吧。 우리 먹자.
Wǒmen chī ba.

명령 你去吧。 네가 가.
Nǐ qù ba.

 체크 체크 다음 〈보기〉 중 빈칸에 들어갈 알맞은 단어를 고르세요.

보기 吧 吗 呢

❶ 我们去美国_____。 우리 미국에 가자.

❷ 我不吃，你_____? 나는 안 먹어. 너는?

❸ 这是你的妈妈_____? 이분이 너희 엄마셔?

New 단어 学生 xuésheng 명 학생 | 韩国 Hánguó 고유 한국 | 去 qù 동 가다 | 妈妈 māma 명 엄마

track 02-6

1 발음 연습 · 녹음을 듣고 빈칸에 알맞은 병음을 써보세요.

❶ sh

❷ ch

❸ è

❹ sh　m

❺ you

❻ Zhōng

track 02-7

2 문장 듣기 · 녹음을 듣고 사진과 일치하는지 ○, ×로 표시해 보세요.

❶

❷

❸

❹

3 도전! 스피킹 · 그림을 보고 대화를 완성해 보세요.

❶

A 那是什么?
Nà shì shénme?

B ＿＿＿＿＿＿＿＿＿＿＿＿＿。

❷

A ＿＿＿＿＿＿＿＿＿＿＿＿＿?

B 他是我的爸爸。
Tā shì wǒ de bàba.

4 쓰기 내공 쌓기 · 다음 문장을 중국어와 병음으로 써보세요.

❶ 이것은 책이 아니야.

중국어 ＿＿＿＿＿＿＿＿＿＿＿ 병음 ＿＿＿＿＿＿＿＿＿＿＿

❷ 그녀는 누구니?

중국어 ＿＿＿＿＿＿＿＿＿＿＿ 병음 ＿＿＿＿＿＿＿＿＿＿＿

❸ 나는 한국인이야.

중국어 ＿＿＿＿＿＿＿＿＿＿＿ 병음 ＿＿＿＿＿＿＿＿＿＿＿

New 단어 面包 miànbāo 몡 빵 | 爸爸 bàba 몡 아빠

문화 PLUS⁺

중국의 국기와 민족에 대해 알아봐요.

중국 국기는 오성홍기(五星红旗 Wǔxīng Hóngqí)
라고 해요. 오성홍기는 빨간색 바탕에 다섯 개
의 노란색 별로 이루어져 있어서 붙여진 이름이
에요. 빨간색은 혁명을, 노란색은 광명을 의미하
고, 큰 별은 중국 공산당을, 작은 별 네 개는 노동
자, 농민, 도시소자산계급, 민족자산계급을 의미
하죠. 네 개의 작은 별이 큰 별을 향하고 있는 것
은 중국 인민의 대단결이 이루어지는 것을 상징
해요.

중국은 총 56개의 민족으로 구성된 다민족국가예요. 그중 한족이 인구의 약 92%를 차지하고,
나머지는 55개의 소수 민족으로 구성되어 있어요. 대부분의 소수 민족은 자신의 언어를 가지
고 있고, 그중 21개 민족은 자신의 문자도 가지고 있죠. 대다수의 민족들이 고유의 복식, 주거
문화, 전통 등을 고수하며 생활하고 있어요.

chapter 03

我看电影。

Wǒ kàn diànyǐng.

나는 영화를 보요.

Dialogue

1. 취미 말하기(1)
2. 취향 말하기

Grammar

1. 동사술어문
2. 의문대명사 什么(2)
3. 동사 喜欢

Culture

중국어의 다양한 명칭과 방언에 대해 알아봐요.

主要句子 key Expressions

■ 주요 문장을 따라 읽으며 중국어의 뼈대를 다지세요.

01 보는 것을 말할 때

我看 电影 。 Wǒ kàn diànyǐng. 나는 영화를 봐요.

电视 텔레비전
diànshì

汉语书 중국어 책
Hànyǔ shū

照片 사진
zhàopiàn

02 좋아하는 것을 말할 때

我喜欢 喝茶 。 Wǒ xǐhuan hē chá.
나는 차 마시는 것을 좋아해요.

听音乐 음악을 듣다
tīng yīnyuè

看电影 영화를 보다
kàn diànyǐng

吃中国菜 중국 음식을 먹다
chī Zhōngguó cài

喜欢(xǐhuan)은 '~을 좋아하다',
'~하는 것을 좋아하다'
라는 뜻이에요.

生词 words

track 03-2

■ 새로 나온 단어를 따라 읽으며 익혀 보세요.

会话 1

□□ 妈妈　　　　māma　　　　명 엄마

□□ 看　　　　　kàn　　　　　동 보다

□□ 电影　　　　diànyǐng　　　명 영화

□□ 有意思　　　yǒu yìsi　　　재미있다

会话 2

□□ 喝　　　　　hē　　　　　　동 마시다

□□ 茶　　　　　chá　　　　　명 차[음료]

□□ 喜欢　　　　xǐhuan　　　　동 좋아하다

□□ 咖啡　　　　kāfēi　　　　　명 커피

□□ 不　　　　　bù　　　　　　부 ~아니다, ~않다[부정]

발음 트레이닝

track 03-3

不(bù)는 뒤에 오는 음절이 제4성일 때는 제2성으로 발음해요.

bù+제1성	bù chī	bù tīng	bù shuō
bù+제2성	bù máng	bù tíng	bùdé
bù+제3성	bù hǎo	bù zǎo	bù wǎn
bú+제4성	bú kàn	búyào	bú lèi

track **03-4**

#동건이 중국 영화를 보고 있어요.

妈妈 māma	你看什么? Nǐ kàn shénme?

东建 Dōngjiàn	我看电影。 Wǒ kàn diànyǐng.

妈妈 māma	你看什么电影? Nǐ kàn shénme diànyǐng?

东建 Dōngjiàn	我看中国电影,很有意思❶。 Wǒ kàn Zhōngguó diànyǐng, hěn yǒu yìsi.

스피킹 표현 Tip

❶ '재미있다'는 有意思, '재미없다'는 没有意思(méiyǒu yìsi)라고 표현해요.

说一说 1 Speaking 1

스피킹 준비! 우리말을 보고 빈칸을 채운 후 큰 소리로 말해 보세요.

엄마 너는 뭘 보니?	Nǐ _____ shénme?
동건 나는 영화를 봐요.	Wǒ kàn _____ .
엄마 무슨 영화를 보니?	Nǐ kàn _____ diànyǐng?
동건 중국 영화를 보는데, 매우 재미있어요.	Wǒ kàn Zhōngguó _____ , hěn yǒu _____ .

중국의 대표적인 전통극, 경극(京剧)

2010년에 유네스코 인류무형 문화유산에 등재된 경극은 노래(唱 chàng), 대사(念 niàn), 동작(做 zuò), 무술 동작(打 dǎ), 이 네 가지가 종합된 공연 예술이에요. 장국영이 주연한 영화 『패왕별희』가 바로 중국의 경극을 소재로 만들어진 영화죠. 경극에 등장하는 인물의 가장 큰 특징은 얼굴을 하얗게 칠한 다음 그 위에 색색의 물감을 바르는 것인데, 맡은 역할에 따라 얼굴색이 달라요. 빨간색은 용감함을, 하얀색은 교활함을, 녹색은 난폭함을, 검은색은 강직함을 나타내요.

track 03-5

＃동건과 샤오팅은 차를 마시러 카페에 왔어요.

东建　　你喝什么？
Dōngjiàn　Nǐ hē shénme?

小婷　　我喝茶。
Xiǎotíng　Wǒ hē chá.

东建　　你喜欢喝咖啡吗？
Dōngjiàn　Nǐ xǐhuan hē kāfēi ma?

小婷　　我不喜欢喝咖啡。
Xiǎotíng　Wǒ bù xǐhuan hē kāfēi.

说一说2 Speaking 2

01 스피킹 준비! 우리말을 보고 빈칸을 채운 후 큰 소리로 말해 보세요.

동건	너는 뭐 마셔?	Nǐ _____ shénme?
샤오팅	나는 차를 마셔.	Wǒ hē _____ .
동건	너는 커피 마시는 거 좋아해?	Nǐ xǐhuan hē _____ ma?
샤오팅	나는 커피 마시는 거 안 좋아해.	Wǒ bù _____ hē kāfēi.

02 스피킹 도전! 다음 질문에 대답해 보세요.

❶ A 小婷喝什么?
   Xiǎotíng hē shénme?

   B _____ 。

❷ A 小婷喜欢喝咖啡吗?
   Xiǎotíng xǐhuan hē kāfēi ma?

   B _____ 。

❸ A 你喜欢喝什么?
   Nǐ xǐhuan hē shénme?

   B _____ 。

참고
단어

*啤酒 píjiǔ 몡 맥주
*可乐 kělè 몡 콜라
*果汁 guǒzhī 몡 과일 주스

语法

1 동사술어문

동사가 술어가 되는 문장을 '동사술어문'이라고 한다.

긍정문 | 주어 + 동사 + (목적어)

我看书。 나는 책을 본다.
Wǒ kàn shū.

他说。 그는 말한다.
Tā shuō.

부정문 | 주어 + 不 + 동사 + (목적어)

我不看书。 나는 책을 보지 않는다.
Wǒ bú kàn shū.

의문문 | 주어 + 동사 + (목적어) + 吗?

你看书吗? 너는 책을 보니?
Nǐ kàn shū ma?

체크체크 제시된 단어를 배열하여 문장을 완성하세요.

❶ 看 / 爸爸 / 电影 → _____
　　　　　　　　　　　아빠는 영화를 봐요.

❷ 我 / 吃 / 不 / 饼干 → _____
　　　　　　　　　　　나는 과자를 안 먹어.

❸ 你 / 吗 / 去 → _____
　　　　　　　　너는 가니?

---

2 의문대명사 什么(2)

의문대명사 什么는 '무엇'이라는 뜻 외에, '무슨'이라는 뜻도 있다. 명사 앞에 쓰여 명사를 수식할 때는 '무슨'이라는 의미를 나타낸다.

무엇 你喝什么? 너는 뭘 마시니?
Nǐ hē shénme?

那是什么? 저건 뭐야?
Nà shì shénme?

무슨 你看什么电影? 너는 무슨 영화를 보니?
Nǐ kàn shénme diànyǐng?

你买什么书? 너는 무슨 책을 사니?
Nǐ mǎi shénme shū?

다음 중 什么가 들어갈 알맞은 위치를 고르세요.

❶ A 　你　 B 　吃　 C 　?

❷ 他　 A 　喝　 B 　茶　 C 　?

❸ A 　这　 B 　是　 C 　书?

3 동사 喜欢

❶ 喜欢은 '~을 좋아하다', '~하는 것을 좋아하다'라는 뜻으로 목적어로는 명사가 오기도 하고, 동사구가 오기도 한다.

我喜欢他。 나는 그를 좋아한다.
Wǒ xǐhuan tā.

我喜欢听中国音乐。 나는 중국 음악 듣는 걸 좋아한다.
Wǒ xǐhuan tīng Zhōngguó yīnyuè.

❷ 喜欢은 감정동사로 일반동사와 달리 很과 같은 정도부사의 수식을 받을 수 있다.

我很喜欢喝咖啡。 나는 커피 마시는 걸 매우 좋아한다.
Wǒ hěn xǐhuan hē kāfēi.

 사진을 보고 喜欢을 사용하여 문장을 만드세요.

❶
→ _____

❷
→ _____

New 단어 说 shuō 동 말하다 | 买 mǎi 동 사다 | 听 tīng 동 듣다 | 音乐 yīnyuè 명 음악

练习

1 발음 연습 · 녹음을 듣고 빈칸에 알맞은 병음을 써보세요.

❶ ch [　　]

❷ k [　] f [　]

❸ [　　] huan

❹ diàn [　　]

❺ H [　] y [　]

❻ [　　] yìsi

2 문장 듣기 · 녹음을 듣고 사진과 일치하는지 ○, ×로 표시해 보세요.

❶  [　]

❷  [　]

❸  [　]

❹  [　]

64　스피킹 중국어 STEP 1

3 도전! 스피킹 · 그림을 보고 대화를 완성해 보세요.

❶

A 你买什么?
　Nǐ mǎi shénme?

B ＿＿＿＿＿＿＿＿＿＿＿＿ 。

❷

A ＿＿＿＿＿＿＿＿＿＿＿＿ ?

B 我很喜欢看电视。
　Wǒ hěn xǐhuan kàn diànshì.

4 쓰기 내공 쌓기 · 다음 문장을 중국어와 병음으로 써보세요.

❶ 너는 뭘 먹니?

중국어 ＿＿＿＿＿＿＿＿＿＿　　병음 ＿＿＿＿＿＿＿＿＿＿

❷ 매우 재미있어.

중국어 ＿＿＿＿＿＿＿＿＿＿　　병음 ＿＿＿＿＿＿＿＿＿＿

❸ 나는 커피 마시는 걸 안 좋아해.

중국어 ＿＿＿＿＿＿＿＿＿＿　　병음 ＿＿＿＿＿＿＿＿＿＿

New 단어 鞋 xié 몡 신발

문화 PLUS+

중국어의 다양한 명칭과 방언에 대해 알아봐요.

중국어는 여러 가지 이름으로 불리고 있어요. 첫째, 가장 널리 쓰이는 말로 '한족의 언어'라는 뜻의 汉语(Hànyǔ)가 있어요. 둘째, '표준어'라는 뜻의 普通话(pǔtōnghuà)가 있어요. 셋째, 타이완에서는 国语(guóyǔ)를 '중국어'라는 의미로 사용하고 있어요. 넷째, 싱가포르, 말레이시아 등 동남아시아의 화교들은 중국어를 华语(Huáyǔ)라고 불러요. 마지막으로 구어와 문어를 모두 아우르는 말인 中文(Zhōngwén)이 있는데, 中文은 汉语만큼이나 널리 쓰여요.

우리나라에 지역마다 방언이 있는 것처럼 중국에도 방언이 있어요. 중국은 지역이 넓고 소수 민족이 많아서 방언의 종류도 매우 다양해요. 중국의 방언은 보통 크게 7개로 나뉘는데, 방언은 단순히 말투나 어휘가 다른 것이 아니라 발음 자체가 다르기 때문에 중국인들끼리도 알아 듣지 못해요. 그래서 중국은 텔레비전의 모든 프로그램에 보통화 자막이 있어요.

인사할 때의 "你好!"를 예로 들면 보통화로는 你好(nǐ hǎo), 상하이에서는 侬好(nóng hǎo), 푸젠성에서는 哩厚(lǐ hòu), 하이난성에서는 鲁噢(lǔ ō)라고 해요. 이처럼 지역별로 차이가 크지만 중국에서 보통화 보급률은 80% 이상으로, 보통화를 하면 중국 어디를 가든 의사소통에는 무리가 없어요.

他在哪儿?

Tā zài nǎr?

그는 어디에 있어요?

■ 주요 문장을 따라 읽으며 중국어의 뼈대를 다지세요.

track **04-1**

정반의문문으로 물을 때

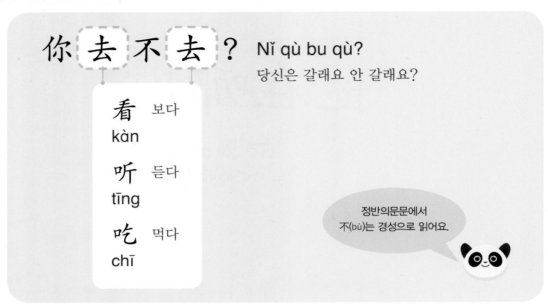

你 去 不 去 ? Nǐ qù bu qù?
당신은 갈래요 안 갈래요?

看 보다
kàn

听 듣다
tīng

吃 먹다
chī

정반의문문에서
不(bù)는 경성으로 읽어요.

장소를 말할 때

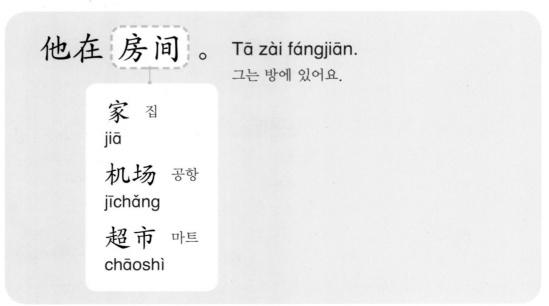

他在 房间 。 Tā zài fángjiān.
그는 방에 있어요.

家 집
jiā

机场 공항
jīchǎng

超市 마트
chāoshì

生词 _words_

track **04-2**

■ 새로 나온 단어를 따라 읽으며 익혀 보세요.

会话 1

☐☐	我们	wǒmen	때 우리
☐☐	去	qù	동 가다
☐☐	咖啡厅	kāfēitīng	명 카페, 커피숍
☐☐	哪儿	nǎr	때 어디, 어느 곳
☐☐	邮局	yóujú	명 우체국

会话 2

☐☐	在	zài	동 ~에 있다
☐☐	这儿	zhèr	때 여기, 이곳
☐☐	房间	fángjiān	명 방

 발음 트레이닝

track **04-3**

> 일부 단어 뒤에 儿(ér)을 붙여 발음을 부드럽게 하거나 친근함을 표현할 수 있어요. 병음은 '-r'로 표기해요.
>
> | huār 花儿 꽃 | niǎor 鸟儿 새 | wánr 玩儿 놀다 |
> | shìr 事儿 일 | kòngr 空儿 겨를, 틈 | gàir 盖儿 뚜껑 |
> | yìdiǎnr 一点儿 조금 | xiǎoháir 小孩儿 어린아이 | fànguǎnr 饭馆儿 식당 |

track 04-4

친구가 샤오팅에게 어디 가는지 물어봐요.

朋友
péngyou
我们去咖啡厅，你去不去？
Wǒmen qù kāfēitīng, nǐ qù bu qù?

小婷
Xiǎotíng
我不去。
Wǒ bú qù.

朋友
péngyou
你去哪儿？
Nǐ qù nǎr?

小婷
Xiǎotíng
我去邮局。
Wǒ qù yóujú.

说一说 1　Speaking 1

스피킹 준비! 우리말을 보고 빈칸을 채운 후 큰 소리로 말해 보세요.

친구	우리 카페에 가는데,	Wǒmen ⌒ kāfēitīng,
	너 갈래 안 갈래?	nǐ qù ⌒ qù?
샤오팅	나는 안 갈래.	Wǒ ⌒ qù.
친구	너는 어디 가는데?	Nǐ ⌒ ?
샤오팅	우체국에 가.	Wǒ qù ⌒ .

이것만 있으면 중국 어디든지 OK

스마트폰을 이용하면 중국에 처음 가더라도 길 찾기는 문제없겠죠? 길 찾기부터 맛집 추천까지 중국에서 유용한 앱이 많은데, 그중 중국의 구글이라고 할 수 있는 바이두(百度 Bǎidù)의 바이두맵(百度地图 Bǎidù dìtú)은 우리나라의 네이버 지도와 같은 앱으로 경로 검색, 목적지의 영업 정보 등을 알 수 있고, 앱에서 택시를 부를 수도 있어요. 앱 스토어에서 한글로 바이두맵이라고 검색하면 쉽게 다운로드할 수 있어요.

＃동건의 엄마가 누군가를 찾고 있어요.

妈妈
māma

尚民在这儿吗?

Shàngmín zài zhèr ma?

东建
Dōngjiàn

他不在这儿。

Tā bú zài zhèr.

妈妈
māma

他在哪儿?

Tā zài nǎr?

东建
Dōngjiàn

他在英爱的房间。

Tā zài Yīng'ài❶ de fángjiān.

스피킹 표현 Tip

❶ a, o, e로 시작하는 음절이 다른 음절 뒤에 올 때, 음절의 구분을 정확하게 하기 위해서 격음부호[']를 써요.

说一说 2 Speaking 2

01 스피킹 준비! 우리말을 보고 빈칸을 채운 후 큰 소리로 말해 보세요.

엄마 상민이 여기 있니?	⌒ Shàngmín zài ⬚ ma?
동건 여기 없어요.	⌒ Tā bú ⬚ zhèr.
엄마 그는 어디에 있니?	⌒ Tā ⬚ ⬚ ?
동건 영애 방에 있어요.	⌒ Tā zài Yīng'ài de ⬚ .

02 스피킹 도전! 다음 질문에 대답해 보세요.

❶ A 尚民在东建的房间吗?
　　Shàngmín zài Dōngjiàn de fángjiān ma?

　 B _____ 。

❷ A 尚民在哪儿?
　　Shàngmín zài nǎr?

　 B _____ 。

❸ A 你的朋友在哪儿?
　　Nǐ de péngyou zài nǎr?

　 B _____ 。

> 참고
> 단어
>
> *学校 xuéxiào 몡 학교
> *公司 gōngsī 몡 회사
> *公园 gōngyuán 몡 공원
> *银行 yínháng 몡 은행
> *医院 yīyuàn 몡 병원

语法

1 정반의문문

동사 또는 형용사의 긍정형과 부정형을 함께 사용하여 의문문을 만들 수 있는데, 이런 의문문을 '정반의문문'이라고 한다. 정반의문문에서는 의문의 어기조사 吗를 쓰지 않는다.

你去不去咖啡厅? 너는 카페에 갈래 안 갈래?
Nǐ qù bu qù kāfēitīng?

他是不是你弟弟? 그는 네 남동생이야 아니야?
Tā shì bu shì nǐ dìdi?

你饿不饿? 너는 배가 고파 안 고파?
Nǐ è bu è?

> **체크체크** 다음 문장을 정반의문문으로 바꾸세요.
>
> ❶ 你吃中国菜吗?　→ _____
>
> ❷ 这是你的手机吗?　→ _____

2 동사 在

在는 「사람/사물+在+장소」의 형식으로 쓰여 '사람/사물이 ~에 있다'라는 뜻을 나타낸다.

긍정문	我在北京。 나는 베이징에 있다.
	Wǒ zài Běijīng.

부정문	爸爸不在公司。 아빠는 회사에 없다.
	Bàba bú zài gōngsī.

의문문	东建在家吗? 동건이는 집에 있니?
	Dōngjiàn zài jiā ma?
	东建在不在家? 동건이는 집에 있어 없어?
	Dōngjiàn zài bu zài jiā?

체크체크 제시된 단어를 배열하여 문장을 완성하세요.

① 中国 / 你弟弟 / 吗 / 在 → _____
네 남동생은 중국에 있니?

② 妈妈 / 家 / 在 / 朋友 → _____
엄마는 친구 집에 있어요.

③ 在 / 他们 / 这儿 / 不 → _____
그들은 여기 없어.

3 哪儿, 这儿, 那儿

① 哪儿은 '어디', '어느 곳'이라는 뜻의 의문대명사다. 哪儿 대신에 哪里(nǎli)를 쓸 수 있다.

他去哪儿? 그는 어디 가니?　　　　衣服在哪里? 옷은 어디에 있니?
Tā qù nǎr?　　　　　　　　　　　Yīfu zài nǎli?

② 这儿과 这里는 가까운 곳을, 那儿과 那里는 먼 곳을 가리키는 지시대명사다.

这儿 zhèr / 这里 zhèli 이곳, 여기	那儿 nàr / 那里 nàli 그곳, 저곳, 거기, 저기
我在这儿。 나는 여기에 있다. Wǒ zài zhèr.	书在那儿。 책은 저기에 있다. Shū zài nàr.
你来这里吧! 너 여기로 와! Nǐ lái zhèli ba!	那里是我的学校。 저기는 우리 학교야. Nàli shì wǒ de xuéxiào.

체크체크 다음 〈보기〉 중 빈칸에 들어갈 알맞은 단어를 고르세요.

[보기] 那儿　这　哪儿　那

① 你去_____?　　　　　　**②** 我爸爸在_____。

New 단어 弟弟 dìdi 몡 남동생 | 菜 cài 몡 요리, 음식 | 手机 shǒujī 몡 핸드폰 | 北京 Běijīng 고유 베이징 |
公司 gōngsī 몡 회사 | 来 lái 동 오다 | 学校 xuéxiào 몡 학교

track 04-6

1 발음 연습 · 녹음을 듣고 빈칸에 알맞은 병음을 써보세요.

❶ zh

❷ n

❸

❹

❺ f · j

❻ y · j

track 04-7

2 문장 듣기 · 녹음을 듣고 사진과 일치하는지 ○, ×로 표시해 보세요.

❶

❷

❸

❹

3 도전! 스피킹 · 그림을 보고 대화를 완성해 보세요.

❶

A   ?

B 她去超市。
     Tā qù chāoshì.

❷

A 她在学校吗?
     Tā zài xuéxiào ma?

B   。(不)

4 쓰기 내공 쌓기 · 다음 문장을 중국어와 병음으로 써보세요.

❶ 너는 어디 가니?

   중국어 _____   병음 _____

❷ 너는 살래 안 살래?

   중국어 _____   병음 _____

❸ 그녀는 카페에 있어.

   중국어 _____   병음 _____

문화 PLUS+

중국의 행정 구역에 대해 알아봐요.

중국의 행정 구역은 크게 성급(省级 shěngjí), 지급(地级 dìjí), 현급(县级 xiànjí)으로 나눌 수 있어요. 성급은 성, 직할시, 자치구로 구분되며, 23개의 성, 4개의 직할시, 5개의 자치구로 이루어져 있죠. '성(省)'은 우리나라의 '도(道)'와 비슷한 개념이고, '자치구'에는 소수 민족이 살고 있어요. 홍콩과 마카오는 특별행정구역으로 지정되어 자치권을 갖고 주민 자치로 운영되고 있고, 특히 중국은 타이완을 23번째 성으로 간주하고 있어요.

우리나라의 수도는 특별시이지만 중국에는 특별시가 없어요. 중국에서는 가장 큰 4대 도시를 행정 구역 단위인 직할시로 불러요. 베이징(北京 Běijīng), 상하이(上海 Shànghǎi), 톈진(天津 Tiānjīn), 충칭(重庆 Chóngqìng) 이 네 도시가 직할시예요. 직할시는 중앙 정부의 직접적인 관할을 받는 곳으로 성(省)과 같은 급이에요.

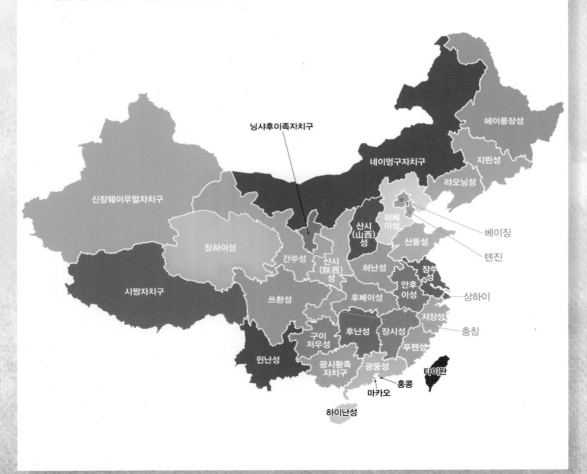

chapter 05

你叫什么名字?

Nǐ jiào shénme míngzi?

당신의 이름은 무엇인가요?

Dialogue

1. 이름 묻기
2. 나이 묻기

Grammar

1. 이름을 묻는 표현
2. 숫자 표현
3. 나이를 묻는 표현

Culture

중국인이 좋아하는 숫자와 싫어하는 숫자를 알아봐요.

■ 주요 문장을 따라 읽으며 중국어의 뼈대를 다지세요.

track 05-1

 01 이름을 말할 때

我 叫 东建。 Wǒ jiào Dōngjiàn.
나는 동건이라고 해요.

她 그녀	小婷 샤오팅
tā	Xiǎotíng
老师 선생님	李琳 리린
lǎoshī	Lǐ Lín
弟弟 남동생	尚民 상민
dìdi	Shàngmín

 02 나이를 말할 때

我今年 二十七 岁。 Wǒ jīnnián èrshíqī suì.
나는 올해 27살이에요.

| 八 8 |
| bā |
| 十九 19 |
| shíjiǔ |
| 六十四 64 |
| liùshísì |

生词 words

■ 새로 나온 단어를 따라 읽으며 익혀 보세요.

track 05-2

会话 1

□□	老师	lǎoshī	몡 선생님
□□	叫	jiào	동 ~라고 부르다, ~라고 불리다
□□	名字	míngzi	몡 이름
□□	您	nín	대 당신[你의 존칭]
□□	贵	guì	혱 귀하다
□□	姓	xìng	몡 성씨 동 성이 ~이다
□□	朴	Piáo	고유 박[성씨]
□□	李	Lǐ	고유 이[성씨]

会话 2

□□	今年	jīnnián	몡 올해
□□	多大	duō dà	(나이가) 얼마인가
□□	岁	suì	양 살, 세[나이를 세는 단위]
□□	大学生	dàxuéshēng	몡 대학생
□□	现在	xiànzài	몡 현재, 지금
□□	工作	gōngzuò	몡 일 동 일하다

발음 트레이닝

track 05-3

「一(yī)+제1, 2, 3성」에서 一는 제4성(yì)으로 발음해요.

一+제1성	yìqiān 一千 천(1,000)	yì zhōu 一周 일주	yìbiān 一边 ~하면서
一+제2성	yì nián 一年 1년	yì píng 一瓶 한 병	yìshí 一时 한때
一+제3성	yìbǎi 一百 백(100)	yìqǐ 一起 함께	yìdiǎnr 一点儿 조금

track 05-4

＃선생님이 동건에게 이름을 물어봐요.

老师　　你叫什么名字?
lǎoshī　Nǐ jiào shénme míngzi?

东建　　我叫朴❶东建。
Dōngjiàn　Wǒ jiào Piáo Dōngjiàn.

　　　　老师，您贵姓?
　　　　Lǎoshī, nín guìxìng?

老师　　我姓李。
lǎoshī　Wǒ xìng Lǐ.

스피킹 표현 **Tip**

❶ 성씨 관련 어휘

- 李 Lǐ 이　　· 王 Wáng 왕　　· 张 Zhāng 장　　· 刘 Liú 류　　· 赵 Zhào 조
- 孙 Sūn 손　　· 马 Mǎ 마　　· 金 Jīn 김　　· 朴 Piáo 박　　· 崔 Cuī 최

说一说 1 Speaking 1

스피킹 준비! 우리말을 보고 빈칸을 채운 후 큰 소리로 말해 보세요.

선생님 이름이 뭐예요?	Nǐ jiào shénme ⬚⬚⬚?
동건 저는 박동건이라고 해요.	Wǒ ⬚⬚ Piáo Dōngjiàn.
선생님, 성씨가 어떻게 되세요?	Lǎoshī, nín ⬚⬚ xìng?
선생님 이씨예요.	Wǒ ⬚⬚ Lǐ.

중국에서 가장 많은 성씨 1위는?

14억 인구의 중국에는 약 4,700여 개의 성씨가 있어요. 우리나라는 김(金) 씨, 이(李)씨, 박(朴)씨 순으로 성씨가 많은데, 중국은 어떨까요? 중국에서 가장 많은 성씨는 王(Wáng)씨인데, 1억 명이 넘는다고 해요. 그다음으로 李(Lǐ)씨, 张(Zhāng)씨, 刘(Liú)씨, 陈(Chén)씨 순으로 많아요. 상위 다섯 성 씨가 중국 전체 인구의 30% 이상을 차지해요.

track **05-5**

＃선생님이 동건에게 나이를 물어봐요.

老师	你今年多大？
lǎoshī	Nǐ jīnnián duō dà?

东建	我今年二十七岁。❷
Dōngjiàn	Wǒ jīnnián èrshíqī suì.

老师	你是大学生吗？
lǎoshī	Nǐ shì dàxuéshēng ma?

东建	不是，我现在工作。
Dōngjiàn	Bú shì, wǒ xiànzài gōngzuò.

스피킹 표현 **Tip**

❷ '我今年二十七岁。'라는 문장에서 동사나 형용사가 아닌 명사구 二十七岁가 술어예요. 시간이나 나이, 가격 등을 말할 때 명사구가 술어 역할을 할 수 있는데, 이런 문장을 '명사술어문'이라고 해요.

说一说 2 Speaking 2

01 스피킹 준비! 우리말을 보고 빈칸을 채운 후 큰 소리로 말해 보세요.

선생님	올해 몇 살이에요?	⌒	Nǐ jīnnián _____ ?
동건	저는 올해 27살이에요.	⌒	Wǒ _____ èrshíqī _____ .
선생님	대학생이에요?	⌒	Nǐ shì _____ ma?
동건	아니요, 저는 지금 일해요.	⌒	Bú shì, wǒ xiànzài _____ .

02 스피킹 도전! 다음 질문에 대답해 보세요.

❶ A 东建今年多大?
　　Dōngjiàn jīnnián duō dà?

　　B _____ 。

❷ A 东建是大学生吗?
　　Dōngjiàn shì dàxuéshēng ma?

　　B _____ 。

❸ A 你今年多大?
　　Nǐ jīnnián duō dà?

　　B _____ 。

语法

1 이름을 묻는 표현

❶ 이름을 물을 때는 보통 '你叫什么名字?' 또는 '你叫什么?'라는 표현을 쓴다. 이 표현은 주로 동년배나 나이가 어린 사람에게 쓴다.

> A 你叫什么名字? 너의 이름은 무엇이니?
> Nǐ jiào shénme míngzi?
>
> B 我叫东建。 나는 동건이라고 해.
> Wǒ jiào Dōngjiàn.

❷ 공식적인 자리나 연장자에게 성함을 물을 때는 '您贵姓?'이라는 표현을 쓴다. 대답은 성(姓)만 말할 수도 있고, 이름까지 말할 수도 있다.

> A 您贵姓? 성함이 어떻게 되세요?
> Nín guìxìng?
>
> B 我姓李, 叫李英爱。 성은 이씨이고, 이영애라고 합니다.
> Wǒ xìng Lǐ, jiào Lǐ Yīng'ài.

> **Tip** 동년배나 나이가 어린 사람에게 성(姓)을 물을 때는 '你姓什么?'라는 표현을 써요.

체크체크 다음 〈보기〉 중 빈칸에 들어갈 알맞은 단어를 고르세요. (중복 사용 가능)

> 보기   姓   叫   贵

❶ 您_____姓?

❷ 我_____李, 叫李好。

❸ 他_____什么名字?

❹ 她_____小婷, 是我的朋友。

2 숫자 표현

중국에서는 한 손으로 1에서 10까지의 숫자를 나타낼 수 있다.

一 yī 1	二 èr 2	三 sān 3	四 sì 4	五 wǔ 5	六 liù 6	七 qī 7	八 bā 8	九 jiǔ 9	十 shí 10

十一 shíyī 11   十五 shíwǔ 15   二十 èrshí 20

三十 sānshí 30   四十六 sìshíliù 46   一百 yìbǎi 100

체크체크 다음 숫자를 중국어로 쓰세요.

❶ 14 ⟶ _____   ❷ 56 ⟶ _____

❸ 70 ⟶ _____   ❹ 92 ⟶ _____

3 나이를 묻는 표현

나이를 물을 때는 연령에 따라 다른 표현을 쓴다. 10세 이상일 경우, 대답할 때는 岁를 생략할 수 있다.

10세 미만

A 你几岁? 너는 몇 살이니?
　Nǐ jǐ suì?

B 我五岁。 저는 다섯 살이에요.
　Wǒ wǔ suì.

10세 이상, 동년배

A 你今年多大? 올해 몇 살이에요?
　Nǐ jīnnián duō dà?

B 我今年三十(岁)。 올해 서른 (살)이에요.
　Wǒ jīnnián sānshí (suì).

중년 이상

A 您多大年纪? 연세가 어떻게 되세요?
　Nín duō dà niánjì?

B 我六十五(岁)。 예순다섯 (살)이에요.
　Wǒ liùshíwǔ (suì).

체크체크 다음 대답에 알맞은 질문을 만드세요.

❶ A _____?   B 我七十岁。

❷ A _____?   B 我八岁。

❸ A _____?   B 我今年十九。

New 단어 百 bǎi ㈜ 100, 백 | 几 jǐ 때 몇[10 미만의 적은 수량을 물을 때 사용] | 年纪 niánjì 명 나이, 연령

练习

1 발음 연습 · 녹음을 듣고 빈칸에 알맞은 병음을 써보세요.

❶ j ⬜   ❷ s ⬜

❸ ⬜ zi   ❹ ⬜ zuò

❺ èr ⬜ wǔ   ❻ dà ⬜ shēng

2 문장 듣기 · 녹음을 듣고 사진과 일치하는지 ○, ×로 표시해 보세요.

❶ ⬜

❷ 李老师 ⬜

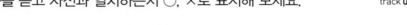

❸ ⬜

❹ 60岁 ⬜

3 도전! 스피킹 · 그림을 보고 대화를 완성해 보세요.

❶

A 你今年多大?
Nǐ jīnnián duō dà?

B _____。

❷

A _____?

B 她叫朴荣恩。
Tā jiào Piáo Róng'ēn.

4 쓰기 내공 쌓기 · 다음 문장을 중국어와 병음으로 써보세요.

❶ 너의 이름은 무엇이니?

　중국어 _____　　병음 _____

❷ 너는 올해 몇 살이니? (儿)

　중국어 _____　　병음 _____

❸ 그는 이씨야.

　중국어 _____　　병음 _____

문화 PLUS+

❶ 一
yī

중국에서는 좋은 일이 생기면 '짝수'로 맞추는 것이 예의예요. 따라서 홀수의 의미를 가지는 1은 주의해야 해요. 다만 1은 yāo로 읽히기도 하는데, 8과 함께 쓰면 要(yào ~할 것이다)의 의미가 되어 '돈을 벌겠다(要发 yào fā)'는 좋은 의미로 사용돼요.

❷ 二
èr

병원이나 장례식에 갈 때는 선물이나 조의금을 짝수로 준비하면 예의에 어긋나요. 祸不单行(huò bù dān xíng 화는 한 가지만 오지 않는다)이라는 성어의 뜻처럼, 나쁜 일에 짝수를 쓰면 더 큰 화를 부른다고 생각하기 때문이지요.

❸ 三
sān

3은 '흩어지다'라는 뜻의 散(sǎn)과 발음이 같아서 별로 좋아하지 않아요. 또 三은 부부나 연인 사이에 끼어드는 제삼자(第三者 dìsānzhě)나 소매치기(三只手 sānzhīshǒu) 등 좋지 않은 단어에 많이 쓰여요.

❹ 四
sì

4는 '죽다'라는 뜻의 死(sǐ)와 발음이 같아서 쓰기를 꺼려 해요.

❺ 五
wǔ

5는 메신저나 문자 메시지에서 我(wǒ)로 많이 쓰이고, '없다'는 뜻의 无(wú)를 뜻하기도 해요.

❻ 六
liù

6은 '순조롭다'는 뜻을 나타내어 六六大顺(liù liù dà shùn 만사형통)이라는 좋은 의미로 쓰여요.

❼ 七
qī

7은 홀수라서 선물하거나 좋은 날을 고를 때 피하는 숫자예요.

❽ 八
bā

8은 发财(fācái 부자가 되다)의 发(fā)와 발음이 비슷하여 '돈을 벌다'라는 의미가 있어 중국인들이 매우 좋아해요.

❾ 九
jiǔ

9는 久(jiǔ 오래다)와 발음이 같아 '오래', '길게'의 의미로 사용되어 매우 선호하는 숫자예요. 八와 함께 九八로 쓰면 '오랫동안 돈을 벌다(久发 jiǔ fā)'라는 의미가 돼요.

chapter 06

你家有几口人?

Nǐ jiā yǒu jǐ kǒu rén?
당신의 가족은 몇 명이에요?

Dialogue

1. 가족 소개하기
2. 직업 말하기

Grammar

1. 有자문
2. 직업 관련 표현

Culture

중국의 결혼 문화에 대해 알아봐요.

主要句子 key Expressions

■ 주요 문장을 따라 읽으며 중국어의 뼈대를 다지세요.

 01 가족 수를 말할 때

我家有 五 口人。 **Wǒ jiā yǒu wǔ kǒu rén.**
우리 가족은 다섯 명이에요.

两 2, 둘
liǎng

三 3, 셋
sān

六 6, 여섯
liù

숫자 2는 순서를 셀 때는 二, 양을 셀 때 两(liǎng)을 써요.

02 직업을 말할 때

我是 银行职员 。 **Wǒ shì yínháng zhíyuán.**
나는 은행원이에요.

老师 선생님
lǎoshī

医生 의사
yīshēng

公司职员 회사원
gōngsī zhíyuán

生词 words

track 06-2

■ 새로 나온 단어를 따라 읽으며 익혀 보세요.

会话 1

□□	家	jiā	몡 집
□□	有	yǒu	동 있다, 가지고 있다
□□	几	jǐ	대 몇[10 미만의 적은 수량을 물을 때 사용]
□□	口	kǒu	양 식구[가족 수를 세는 단위]
□□	都	dōu	부 모두
□□	爸爸	bàba	몡 아빠
□□	妹妹	mèimei	몡 여동생
□□	弟弟	dìdi	몡 남동생
□□	和	hé	접 ~와/과

会话 2

□□	身体	shēntǐ	몡 몸, 신체, 건강
□□	他们	tāmen	대 그들
□□	做	zuò	동 하다
□□	银行	yínháng	몡 은행
□□	职员	zhíyuán	몡 직원

발음 트레이닝

track 06-3

一는 서수로 쓰일 때는 제1성으로 발음해요.

yī yuè 一月 1월   dì-yī kè 第一课 제1과

一 뒤에 제4성이나 본래 제4성이었으나 경성으로 변한 발음이 오면 一는 제2성으로 발음해요.

yí kuài 一块 1위안   yí jiàn 一件 한 벌   yíhuìr 一会儿 잠시, 곧

yí wàn 一万 만(10,000)   yídìng 一定 반드시   yí ge 一个 한 개

track 06-4

\# 샤오팅과 동건은 가족에 대해 이야기하고 있어요.

小婷	你家有几口❶人?
Xiǎotíng	Nǐ jiā yǒu jǐ kǒu rén?

东建	我家有五口人。
Dōngjiàn	Wǒ jiā yǒu wǔ kǒu rén.

小婷	都有什么人?
Xiǎotíng	Dōu yǒu shénme rén?

东建	爸爸、❷妈妈、妹妹、弟弟和❸我。
Dōngjiàn	Bàba、māma、mèimei、dìdi hé wǒ.

스피킹 표현 Tip

❶ 口는 가족의 수를 세는 양사예요. 양사는 「수사+양사+명사」 형식으로 써요.

❷ 문장부호 [、]는 顿号(dùnhào 모점)라고 하는데, 문장에서 병렬 관계인 단어나 구를 나열할 때 써요.

❸ 여러 명사를 나열할 때는 마지막 명사 앞에 和를 쓰면 돼요.

스피킹 준비! 우리말을 보고 빈칸을 채운 후 큰 소리로 말해 보세요.

샤오팅 너희 가족은 몇 명이야?

⌒ Nǐ ___ yǒu ___ kǒu rén?

동건 우리 가족은 다섯 명이야.

⌒ ___ ___ wǔ kǒu

⌒ rén.

샤오팅 모두 어떤 사람이 있어?

⌒ Dōu yǒu ___ ?

동건 아빠, 엄마, 여동생, 남동생

그리고 나.

Bàba、māma、mèimei、dìdi

⌒ ___ .

중국 엿보기

중국의 인구 제한 정책의 변화

중국은 인구가 많아서 오랫동안 한 자녀 정책(独生子女政策 dúshēng zǐnǚ zhèngcè)을 실시하여 농촌 이외의 지역에서는 한 가정에 한 명의 아이만 낳을 수 있었고 이런 자녀들은 소황제(小皇帝 xiǎohuángdì)라 불리며 과보호를 받았죠. 하지만 2016년부터는 저출산, 인구 고령화 등의 사회 문제로 인해 모든 중국인이 두 명까지 아이를 낳을 수 있도록 정책이 완화되었다가, 2021년 7월에는 인구 제한 정책을 더욱 완화시켜 현재는 세 명의 아이를 낳을 수 있어요.

会话 **2** Dialogue 2

track 06-5

#샤오팅이 동건의 부모님에 대해 물어봐요.

小婷 **你爸爸、妈妈❹身体好吗?**
Xiǎotíng　Nǐ bàba、māma shēntǐ hǎo ma?

东建 **他们身体都很好。**
Dōngjiàn　Tāmen shēntǐ dōu hěn hǎo.

小婷 **你爸爸做什么工作?**
Xiǎotíng　Nǐ bàba zuò shénme gōngzuò?

东建 **他是银行职员。**
Dōngjiàn　Tā shì yínháng zhíyuán.

스피킹 표현 **Tip**

❹ 글자가 반복되는 가족 호칭은 爸爸를 爸, 妈妈를 妈로 줄인 것처럼 한 글자로 말할 수 있어요.

说一说 2 Speaking 2

01 **스피킹 준비!** 우리말을 보고 빈칸을 채운 후 큰 소리로 말해 보세요.

샤오팅	너희 아빠와 엄마는 건강하셔?	Nǐ bàba、māma shēntǐ _____ ?
동건	그들은 모두 건강하셔.	Tāmen _____ dōu hěn hǎo.
샤오팅	너희 아빠는 무슨 일을 하셔?	Nǐ bàba _____ shénme _____ ?
동건	우리 아빠는 은행원이셔.	Tā shì yínháng _____ .

02 **스피킹 도전!** 다음 질문에 대답해 보세요.

❶ A 东建爸爸、妈妈身体好吗?
   Dōngjiàn bàba、māma shēntǐ hǎo ma?

   B _____ 。

❷ A 东建爸爸做什么工作?
   Dōngjiàn bàba zuò shénme gōngzuò?

   B _____ 。

❸ A 你做什么工作?
   Nǐ zuò shénme gōngzuò?

   B _____ 。

참고
단어

*大学生 dàxuéshēng
  몡 대학생
*家庭主妇 jiātíng zhǔfù
  몡 가정주부
*公司职员 gōngsī zhíyuán
  몡 회사원

语法

1 有자문

有는 '~이 있다', '~을 가지고 있다'라는 뜻으로 소유와 존재를 나타낸다. 부정형은 不를 쓰지 않고 没有(méiyǒu ~이 없다)를 쓴다.

긍정문 A + 有 + B

我有手机。 나는 핸드폰이 있다.
Wǒ yǒu shǒujī.

부정문 A + 没有 + B

这儿没有牛奶。 여기는 우유가 없다.
Zhèr méiyǒu niúnǎi.

의문문 A + 有 + B + 吗?　　　　　　A + 有没有 + B

你有时间吗? 너는 시간 있니?　　　　他有没有妹妹? 그는 여동생이 있어 없어?
Nǐ yǒu shíjiān ma?　　　　　　　　Tā yǒu méiyǒu mèimei?

체크 체크 제시된 단어를 배열하여 문장을 완성하세요.

❶ 有 / 你 / 吗 / 弟弟 ⟶ _____

너는 남동생이 있니?

❷ 那儿 / 汉语 / 有 / 书 ⟶ _____

저기에 중국어 책이 있어.

❸ 时间 / 他 / 有 / 没 ⟶ _____

그는 시간이 없어.

---

2 직업 관련 표현

직업에 대해서 말할 때는 두 가지 표현을 쓸 수 있다.

무슨 일을 하는지 묻는 표현

A 你做什么工作? 너는 무슨 일을 하니?　　B 我是公司职员。 나는 회사원이야.
　Nǐ zuò shénme gōngzuò?　　　　　　　　Wǒ shì gōngsī zhíyuán.

어디에서 일을 하는지 묻는 표현

A 你在哪儿工作? 너는 어디에서 일해?
Nǐ zài nǎr gōngzuò?

B 我在大学工作。 나는 대학교에서 일해.
Wǒ zài dàxué gōngzuò.

체크 체크 다음 대답에 알맞은 질문을 만드세요.

❶ A _____? B 我在银行工作。

❷ A _____? B 我是大学生。

▶ 가족 명칭

爷爷 yéye 할아버지 | 奶奶 nǎinai 할머니 | 外公 wàigōng 외할아버지 | 外婆 wàipó 외할머니

爸爸 bàba / 丈夫 zhàngfu 아빠 남편 | 妈妈 māma / 妻子 qīzi 엄마 아내

哥哥 gēge 형, 오빠 | 姐姐 jiějie 누나, 언니 | 我 wǒ 나 | 弟弟 dìdi 남동생 | 妹妹 mèimei 여동생

*儿子 érzi 아들 | 女儿 nǚ'ér 딸

New 단어 时间 shíjiān 명 시간 | 汉语 Hànyǔ 명 중국어 | 大学 dàxué 명 대학

练习

track 06-6

1 발음 연습 · 녹음을 듣고 빈칸에 알맞은 병음을 써보세요.

❶

❷

❸ d ___ d

❹ j ___ j

❺ ___ tǐ

❻ yín ___

track 06-7

2 문장 듣기 · 녹음을 듣고 사진과 일치하는지 ○, ×로 표시해 보세요.

❶ 

❷ 

❸ 

❹ 

3 도전! 스피킹 · 그림을 보고 대화를 완성해 보세요.

❶

A 他家有几口人?
　　Tā jiā yǒu jǐ kǒu rén?

B _____ 。

❷

A _____ ?

B 我妹妹是医生。
　　Wǒ mèimei shì yīshēng.

4 쓰기 내공 쌓기 · 다음 문장을 중국어와 병음으로 써보세요.

❶ 너희 가족은 몇 명이야?

　　중국어 _____　　병음 _____

❷ 너희 엄마는 무슨 일을 하셔?

　　중국어 _____　　병음 _____

❸ 그들은 모두 건강해.

　　중국어 _____　　병음 _____

문화 PLUS⁺

중국의 결혼 문화에 대해 알아봐요.

중국의 결혼식은 보통 하루 종일 진행하며 신랑과 신부의 고향이 다를 경우에는 각자의 고향에서 결혼식을 올려요. 결혼식 후에는 피로연(喜宴 xǐyàn)을 하는데, 이것까지 합치면 총 3번의 결혼식을 올리는 셈이죠.

'好事成双(hǎo shì chéng shuāng 좋은 일은 겹쳐서 온다)'이라는 말이 있을 정도로 중국인들은 짝수를 좋아하기 때문에 결혼 날짜나 결혼 시간을 짝수로 정하는 것을 선호해요. 우리는 흰 봉투에 축의금을 넣어서 주지만 중국에서는 흰 봉투는 '죽음'을 의미하기 때문에 빨간 봉투(红包 hóngbāo)에 4를 제외한 짝수로 축의금을 넣어서 줘요. 답례 선물로 하객들에게 사탕을 나눠 주는데, 신랑신부의 앞날이 달콤하기를 바라는 마음이 담겨 있어요.

중국에서는 관공서에서 결혼 등록을 마치면 결혼등록증(结婚证 jiéhūnzhèng)을 발급해 주는데, 안에는 신랑신부가 함께 찍은 사진과 함께 결혼 날짜, 신랑신부의 생년월일과 주소가 기재되어 있어요.

复习

fùxí

chapter 01-06의
주요 학습 내용 체크

주제별 단어 words

1 인칭대명사

- 我 wǒ 나
- 他 tā 그
- 我们 wǒmen 우리
- 她们 tāmen 그녀들
- 你 nǐ 너, 당신
- 她 tā 그녀
- 你们 nǐmen 너희들
- 它们 tāmen 그것들
- 您 nín 당신[你의 존칭]
- 它 tā 그것
- 他们 tāmen 그들

2 가족

- 爷爷 yéye 할아버지
- 妈妈 māma 엄마
- 弟弟 dìdi 남동생
- 奶奶 nǎinai 할머니
- 哥哥 gēge 형, 오빠
- 妹妹 mèimei 여동생
- 爸爸 bàba 아빠
- 姐姐 jiějie 누나, 언니

3 음식

- 菜 cài 요리, 음식
- 茶 chá 차[음료]
- 饼干 bǐnggān 과자
- 咖啡 kāfēi 커피
- 面包 miànbāo 빵
- 牛奶 niúnǎi 우유

4 장소

- 家 jiā 집
- 房间 fángjiān 방
- 银行 yínháng 은행
- 邮局 yóujú 우체국
- 学校 xuéxiào 학교
- 医院 yīyuàn 병원
- 公司 gōngsī 회사
- 大学 dàxué 대학
- 咖啡厅 kāfēitīng 카페, 커피숍

5 동사&형용사

- 是 shì ~이다
- 看 kàn 보다
- 买 mǎi 사다
- 做 zuò 하다
- 累 lèi 피곤하다
- 去 qù 가다
- 听 tīng 듣다
- 在 zài ~에 있다
- 忙 máng 바쁘다
- 饿 è 배고프다
- 来 lái 오다
- 喜欢 xǐhuan 좋아하다
- 有 yǒu (가지고) 있다
- 好 hǎo 좋다, 안녕하다
- 好吃 hǎochī 맛있다

핵심 어법 Grammar

1 기본 문형

	형용사술어문	동사술어문
긍정문	我很累。 나는 피곤하다. Wǒ hěn lèi.	我看书。 나는 책을 본다. Wǒ kàn shū.
부정문	我不累。 나는 피곤하지 않다. Wǒ bú lèi.	我不看书。 나는 책을 보지 않는다. Wǒ bú kàn shū.
의문문	你累吗? 너는 피곤하니? Nǐ lèi ma?	你看书吗? 너는 책을 보니? Nǐ kàn shū ma?
정반 의문문	你累不累? 너는 피곤하니 안 피곤하니? Nǐ lèi bu lèi?	你看不看书? 너는 책을 보니 안 보니? Nǐ kàn bu kàn shū?

2 동사 有와 在

A + 有 + B A는 B를 가지고 있다, A는 B가 있다	사람/사물 + 在 + 장소 (사람/사물)이 (장소)에 있다
我家有三口人。 우리 가족은 세 명이다. Wǒ jiā yǒu sān kǒu rén.	我在北京。 나는 베이징에 있다. Wǒ zài Běijīng.
他没有妹妹。 그는 여동생이 없다. Tā méiyǒu mèimei.	爸爸不在公司。 아빠는 회사에 없다. Bàba bú zài gōngsī.

3 어기조사

❶ 吗(ma): 문장 끝에 吗를 붙이면 의문문이 된다.

❷ 呢(ne): '~는요?'라는 뜻으로 상대방에게 되물어 볼 때 쓴다.

❸ 吧(ba): 제안 또는 가벼운 명령을 나타낸다.

你忙吗? 너는 바빠?　　我很累，你呢? 나는 피곤해. 너는?　　我们吃吧。 우리 먹자.
Nǐ máng ma?　　Wǒ hěn lèi, nǐ ne?　　Wǒmen chī ba.

4 의문대명사

❶ 谁(shéi 누구): 她是谁? Tā shì shéi? 그녀는 누구니?

❷ 哪(nǎ 어느): 你是哪国人? Nǐ shì nǎ guó rén? 너는 어느 나라 사람이니?

❸ 什么(shénme 무엇, 무슨): 那是什么? Nà shì shénme? 저건 뭐야?

❹ 哪儿/哪里(nǎr/nǎli 어디, 어느 곳): 他去哪儿? Tā qù nǎr? 그는 어디 가니?

스피킹 표현

01 인사하기

A 你好!
Nǐ hǎo!

A 안녕하세요!

B 你好!
Nǐ hǎo!

B 안녕하세요!

---

02 안부 묻기

A 你忙吗?
Nǐ máng ma?

A 당신은 바빠요?

B 我很忙。
Wǒ hěn máng.

B 나는 바빠요.

---

03 사물 소개하기

A 这是什么?
Zhè shì shénme?

A 이건 뭐예요?

B 这是中国饼干。
Zhè shì Zhōngguó bǐnggān.

B 이건 중국 과자예요.

---

04 국적 말하기

A 你是哪国人?
Nǐ shì nǎ guó rén?

A 당신은 어느 나라 사람이에요?

B 我是韩国人。
Wǒ shì Hánguórén.

B 나는 한국인이에요.

---

05 취향 말하기

A 你喜欢喝咖啡吗?
Nǐ xǐhuan hē kāfēi ma?

A 당신은 커피 마시는 거 좋아해요?

B 我不喜欢喝咖啡。
Wǒ bù xǐhuan hē kāfēi.

B 나는 커피 마시는 거 안 좋아해요.

06 장소 말하기

A 你去哪儿?
Nǐ qù nǎr?

A 당신은 어디 가요?

B 我去邮局。
Wǒ qù yóujú.

B 나는 우체국에 가요.

07 이름 말하기

A 你叫什么名字?
Nǐ jiào shénme míngzi?

A 당신의 이름은 뭐예요?

B 我叫朴东建。
Wǒ jiào Piáo Dōngjiàn.

B 나는 박동건이라고 해요.

08 나이 말하기

A 你今年多大?
Nǐ jīnnián duō dà?

A 당신은 올해 몇 살이에요?

B 我今年二十七岁。
Wǒ jīnnián èrshíqī suì.

B 나는 올해 27살이에요.

09 가족 소개하기

A 你家都有什么人?
Nǐ jiā dōu yǒu shénme rén?

A 당신의 가족은 모두 어떤 사람이 있어요?

B 爸爸、妈妈、妹妹、弟弟和我。
Bàba、māma、mèimei、dìdi hé wǒ.

B 아빠, 엄마, 여동생, 남동생 그리고 저요.

10 직업 말하기

A 你爸爸做什么工作?
Nǐ bàba zuò shénme gōngzuò?

A 당신의 아버지는 무슨 일을 하세요?

B 他是银行职员。
Tā shì yínháng zhíyuán.

B 그는 은행원이에요.

track 06-8

1 단어 듣기 · 녹음을 듣고 〈보기〉에서 알맞은 단어를 고른 후 병음과 뜻을 써보세요.

보기	A 银行	B 奶奶	C 公司	D 姐姐	E 您
	F 你	G 忙	H 买	I 喜欢	J 学校

	단어	병음	뜻
예	A 银行	yínháng	은행
❶			
❷			
❸			
❹			
❺			

track 06-9

2 문장 듣기 · 녹음을 듣고 내용과 일치하는지 ○, ×로 표시해 보세요.

❶ 妹妹喜欢看书。　　　(　　　)

❷ 朋友是中国人。　　　(　　　)

❸ 爸爸工作不忙。　　　(　　　)

❹ 我去医院。　　　　　(　　　)

❺ 他家有三口人。　　　(　　　)

3 어법 · 다음 〈보기〉 중 빈칸에 들어갈 알맞은 단어를 고르세요.

> 보기   他   也   不   有   呢

❶ 我_____很累。

❷ _____是我的老师，朴老师。

❸ 我看美国电影，很_____意思。

❹ 这是我做的菜，你吃_____吃？

❺ A 我奶奶身体很好，你奶奶_____？

　　B 她身体也很好。

4 독해 · 서로 어울리는 대화끼리 연결하세요.

❶ 我很饿。　　　　　　·　　　　　　· A 不，我喝茶。

❷ 你弟弟今年多大？ ·　　　　　　· B 我也不去。

❸ 李老师在这儿吗？ ·　　　　　　· C 在，你有什么事儿？

❹ 我不去，你呢？　·　　　　　　· D 他十九岁，是大学生。

❺ 你喝不喝咖啡？　·　　　　　　· E 我有面包，你吃吗？

New 단어   事儿 shìr 명 일. 용무

5 문장 말하기 · 사진을 보고 대화를 완성하세요.

❶

A 她喝什么?

B ＿＿＿＿＿＿＿＿＿＿。

❷

A ＿＿＿＿＿＿＿＿＿＿?

B 他们在公司。

6 도전! 스피킹 · 다음 질문의 대답을 생각하여 자기 소개를 해보세요.

❶ 你叫什么名字?　❷ 你今年多大?

❸ 你做什么工作?　❹ 你喜欢吃什么、喝什么?

大家好，我叫＿＿＿＿＿＿＿，今年＿＿＿＿＿＿＿岁。
Dàjiā hǎo, wǒ jiào ＿＿＿＿＿＿＿, jīnnián ＿＿＿＿＿＿＿ suì.

我是＿＿＿＿＿＿＿。
Wǒ shì ＿＿＿＿＿＿＿.

我喜欢吃＿＿＿＿＿＿，喜欢喝＿＿＿＿＿＿。
Wǒ xǐhuan chī ＿＿＿＿＿＿＿, xǐhuan hē ＿＿＿＿＿＿＿.

这个果汁多少钱?

Zhège guǒzhī duōshao qián?

이 과일 주스는 얼마예요?

track 07-1

■ 주요 문장을 따라 읽으며 중국어의 뼈대를 다지세요.

01 가격을 물을 때

果汁 多少钱? Guǒzhī duōshao qián?
과일 주스는 얼마예요?

蛋糕 케이크
dàngāo

鞋 신발
xié

02 가격을 말할 때

这个 十二 块钱。 Zhège shí'èr kuài qián.
이건 12위안이에요.

两 2, 둘
liǎng

一百一十 110
yìbǎi yīshí

十가 십 이상의 단위와 함께
있을 때는 一十로 읽어요.

03 원하는 것을 말할 때

我要 两杯果汁 。 Wǒ yào liǎng bēi guǒzhī.
과일 주스 두 잔 주세요.

三斤苹果 사과 세 근
sān jīn píngguǒ

一瓶啤酒 맥주 한 병
yì píng píjiǔ

生词 words

track **07-2**

■ 새로 나온 단어를 따라 읽으며 익혀 보세요.

会话 1

☐☐ 服务员	fúwùyuán	명	종업원
☐☐ 个	gè	양	개, 명
☐☐ 果汁	guǒzhī	명	과일 주스
☐☐ 多少	duōshao	대	얼마, 몇
☐☐ 钱	qián	명	돈
☐☐ 杯	bēi	양	잔, 컵
☐☐ 块	kuài	양	위안[중국의 화폐 단위]
☐☐ 要	yào	동	원하다, 필요하다

会话 2

☐☐ 请问	qǐngwèn	동	말씀 좀 묻겠습니다
☐☐ 苹果	píngguǒ	명	사과
☐☐ 怎么	zěnme	대	어떻게, 왜
☐☐ 卖	mài	동	팔다
☐☐ 大	dà	형	크다
☐☐ 斤	jīn	양	근[무게의 단위]
☐☐ 小	xiǎo	형	작다

발음 트레이닝

track **07-3**

3음절 발음 연습(1)

rénmínbì	zhīfùbǎo	èrwéimǎ
chūzūchē	gōngjiāochē	huǒchēzhàn
jìsuànjī	shēnfènzhèng	fēijīpiào

track **07-4**

동건이 카페에서 과일 주스를 주문하고 있어요.

东建
Dōngjiàn
这个❶果汁多少钱？
Zhège guǒzhī duōshao qián?

服务员
fúwùyuán
一杯十二块钱❷。
Yì bēi shí'èr kuài qián.

您要几杯？
Nín yào jǐ bēi?

东建
Dōngjiàn
我要两杯。
Wǒ yào liǎng bēi.

스피킹 표현 Tip

❶ 个(gè)는 사람이나 사물을 셀 때 가장 보편적으로 쓰이는 양사예요. 양사로 쓰일 때는 경성으로 읽어요.

❷ '一杯十二块钱。'은 '十二块钱一杯。'로도 말할 수 있어요.

스피킹 준비! 우리말을 보고 빈칸을 채운 후 큰 소리로 말해 보세요.

동건	이 과일 주스는 얼마예요?	这个果汁 钱? Zhège guǒzhī qián?
종업원	한 잔에 12위안이에요.	一杯十二 。 Yì bēi shí'èr
	몇 잔 필요하세요?	您 几杯? Nín jǐ bēi?
동건	두 잔 주세요.	我要 。 Wǒ yào

나의 몸무게는 100근?

중국에서는 몸무게를 물어보면 '나는 몇 근이에요'라고 대답해요. 우리에게 는 익숙하지 않지만, 중국 사람들은 몸무게를 잴 때 단위로 근(斤 jīn)을 사 용해요. 한 근은 500g으로, 100근이면 50kg을 말하죠. 몸무게뿐 아니라 야 채, 과일, 고기, 사탕 등 무게를 잴 수 있는 것은 모두 근 단위를 사용해요.

track **07-5**

#샤오팅이 과일 가게에서 과일을 고르고 있어요.

小婷	请问，苹果怎么❸卖？
Xiǎotíng	Qǐngwèn, píngguǒ zěnme mài?

服务员	大的八块一斤，小的五块一斤。
fúwùyuán	Dà de bā kuài yì jīn, xiǎo de wǔ kuài yì jīn.

	您要哪个？
	Nín yào nǎge?

小婷	我要小的。
Xiǎotíng	Wǒ yào xiǎo de.

스피킹 표현 Tip

❸ 怎么는 '어떻게'라는 뜻의 의문대명사로 동사 앞에 놓여 방식이나 방법 등을 물을 때 사용해요.

예 怎么去? Zěnme qù? 어떻게 가니?　　怎么说? Zěnme shuō? 어떻게 말하니?

01 스피킹 준비! 우리말을 보고 빈칸을 채운 후 큰 소리로 말해 보세요.

샤오팅 말씀 좀 물을게요. 사과는 어떻게 팔아요?	请问，苹果 ⬚ 卖? Qǐngwèn, píngguǒ ⬚ mài?
종업원 큰 것은 한 근에 8위안,	大的八块一 ⬚ , Dà de bā kuài yì
작은 것은 한 근에 5위안이에요.	⬚ 五块一斤。 wǔ kuài yì jīn.
어느 것을 드릴까요?	您要 ⬚ ? Nín yào
샤오팅 작은 것으로 주세요.	⬚ 小的。 xiǎo de.

02 스피킹 도전! 다음 질문에 대답해 보세요.

❶ A 苹果怎么卖?
　　Píngguǒ zěnme mài?

　B _____ 。

❷ A 小婷要哪个苹果?
　　Xiǎotíng yào nǎge píngguǒ?

　B _____ 。

❸ A 你要哪个苹果?
　　Nǐ yào nǎge píngguǒ?

　B _____ 。

语法

1 금액 읽는 법

중국의 화폐 단위에는 元(yuán), 角(jiǎo), 分(fēn)이 있는데, 주로 문어체에서 사용한다. 구어체에서는 块(kuài), 毛(máo), 分(fēn)을 쓴다.

❶ 마지막 단위 뒤에 钱을 덧붙여서 읽기도 한다.

3元 → 三块(钱)
    sān kuài (qián)

10.50元 → 十块五毛(钱)
    shí kuài wǔ máo (qián)

2.2元 → 两块两毛(钱) / 两块二
    liǎng kuài liǎng máo (qián) / liǎng kuài èr

❷ 毛자리가 0일 경우, 零(líng)을 읽는다.

12.03元 → 十二块零三分
    shí'èr kuài líng sān fēn

6.05元 → 六块零五分
    liù kuài líng wǔ fēn

❸ 단위가 두 개 이상일 경우 마지막 단위는 생략할 수 있다. 하지만 毛자리가 0이면 分은 생략할 수 없다.

55.99元 → 五十五块九毛九(分)
    wǔshíwǔ kuài jiǔ máo jiǔ (fēn)

108.06元 → 一百零八块零六分
    yìbǎi líng bā kuài líng liù fēn

> **Tip** 숫자 중간에 0이 있을 때는 零(líng)으로 읽는다. 예 101 → 一百零一 yìbǎi líng yī

체크체크 다음 금액을 읽어 보세요.

❶ 9.2元 → _____

❷ 15.45元 → _____

❸ 46.06元 → _____

❹ 360.90元 → _____

New 단어 零 líng ㈜ 0, 공 | 酒 jiǔ 몡 술 | 小狗 xiǎogǒu 몡 강아지 | 可乐 kělè 몡 콜라 | 漂亮 piàoliang 휑 예쁘다 | 好喝 hǎohē 휑 (음료수 따위가) 맛있다

2 양사

사람이나 사물을 세는 단위를 '양사'라고 하며, 「수사+양사+명사」의 형식으로 쓴다.

양사	예문
个 gè 개, 명	一个人 yí ge rén 사람 한 명 / 一个苹果 yí ge píngguǒ 사과 한 개
杯 bēi 잔, 컵	两杯咖啡 liǎng bēi kāfēi 커피 두 잔 　　　　　 *세는 수가 '2'일 경우 两으로 읽음
瓶 píng 병	三瓶酒 sān píng jiǔ 술 세 병
本 běn 권	四本书 sì běn shū 책 네 권
件 jiàn 벌	五件衣服 wǔ jiàn yīfu 옷 다섯 벌
只 zhī 마리	六只小狗 liù zhī xiǎogǒu 강아지 여섯 마리

체크체크 빈칸에 들어갈 알맞은 양사를 쓰세요.

❶ 两_____中国人　　　❷ 一_____衣服　　　❸ 四_____可乐

3 구조조사 的

❶ '~의', '~한'의 뜻으로 뒤에 오는 명사를 수식한다.

漂亮的衣服 예쁜 옷　　　　　　好喝的果汁 맛있는 주스
piàoliang de yīfu　　　　　　hǎohē de guǒzhī

❷ 이미 알고 있는 대상일 경우 的 뒤의 명사는 생략할 수 있다. 이때는 '~의 것'이라는 뜻을 나타낸다.

他的 tā de 그의 것　　　　　　大的 dà de 큰 것

这是我买的。 이것은 내가 산 것이다.
Zhè shì wǒ mǎi de.

체크체크 다음 문장을 중국어로 써보세요.

❶ 친구의 것 → _____　　　❷ 내가 먹은 것 → _____

练习

1 발음 연습 · 녹음을 듣고 빈칸에 알맞은 병음을 써보세요.

❶ Zhè j_____ yīfu duōshao q_____?

❷ Nín _____ shénme?

❸ Wǒ yào _____ _____.

❹ Xiǎo de sān _____ yì _____.

2 문장 듣기 · 녹음을 듣고 내용과 일치하는 사진을 고르세요.

A

B

C

D

❶ _____

❷ _____

❸ _____

❹ _____

3 도전! 스피킹 · 그림을 보고 대화를 완성해 보세요.

❶

A 您要几杯咖啡?
　Nín yào jǐ bēi kāfēi?

B _____ 。

❷

A 橘子怎么卖?
　Júzi zěnme mài?

B _____ 。

4 쓰기 내공 쌓기 · 주어진 단어를 활용하여 다음 문장을 중국어로 써보세요.

❶ 사과는 어떻게 팔아요? (怎么)

　➜ _____

❷ 이 책은 얼마예요? (钱)

　➜ _____

❸ 저는 큰 것을 원해요. (要)

　➜ _____

New 단어 　橘子 júzi 명 귤

문화 PLUS⁺

중국의 화폐에 대해 알아봐요.

중국에서 사용하는 돈을 인민폐(人民币 rénmínbì)라고 해요. 지폐는 1위안, 5위안, 10위안, 20위안, 50위안, 100위안이 있어요. 100위안이 제일 액수가 큰 지폐로 원화로는 19,000원 정도가 돼요.

우리나라는 지폐의 금액에 따라 앞면에 다양한 인물이 그려져 있는데, 중국 화폐의 앞면에는 모두 마오쩌둥(毛泽东 Máo Zédōng)이 그려져 있어요. 마오쩌둥은 중국의 제1대 주석이에요.

각 지폐의 뒷면에는 다른 그림이 그려져 있는데, 1위안에는 중국 10대 명승지 중 하나인 시후(西湖 Xīhú), 5위안에는 중국의 명산인 태산(泰山 Tàishān), 10위안에는 중국의 국가급 풍경 명승 지역인 장강삼협(长江三峡 Chángjiāng Sānxiá), 20위안에는 우리에게도 친숙한 관광지 계림(桂林 Guìlín)의 산수, 50위안에는 티베트의 포탈라궁(布达拉宫 Bùdálāgōng), 100위안에는 인민대회당(人民大会堂 Rénmín Dàhuìtáng)이 그려져 있어요.

지금 중국은 '현금 없는 사회'로 변하고 있어요. 일상생활에서는 현금을 잘 쓰지 않고 위챗페이, 알리페이 등 모바일 결제 서비스를 활발하게 사용하고 있죠. 스마트폰 앱을 이용한 결제액은 중국 국내 총생산(GDP)의 16%를 차지할 정도라고 해요.

chapter 08

你的生日是几月几号?

Nǐ de shēngrì shì jǐ yuè jǐ hào?

당신의 생일은 몇 월 며칠이에요?

Dialogue

1. 날짜와 요일 말하기
2. 생일 보내기

Grammar

1. 날짜 표현
2. 요일 표현
3. 跟…一起

Culture

중국의 대표적인
명절에 대해 알아봐요.

track 08-1

■ 주요 문장을 따라 읽으며 중국어의 뼈대를 다지세요.

01 날짜를 말할 때

我的生日（是）十月四号。 Wǒ de shēngrì (shì) shí yuè sì hào.
내 생일은 10월 4일이에요.

四月二十号 4월 20일
sì yuè èrshí hào

九月十一号 9월 11일
jiǔ yuè shíyī hào

02 요일을 말할 때

今天（是）星期六。 Jīntiān (shì) xīngqīliù.
오늘은 토요일이에요.

星期三 수요일
xīngqīsān

星期天 일요일
xīngqītiān

03 '～와 함께' 표현을 말할 때

我跟 朋友 一起 过生日。 Wǒ gēn péngyou yìqǐ guò shēngrì.
나는 친구와 함께 생일을 보내요.

男朋友 남자 친구
nánpéngyou

奶奶 할머니
nǎinai

看电影 영화를 보다
kàn diànyǐng

去公园 공원에 가다
qù gōngyuán

生词 words

track **08-2**

■ 새로 나온 단어를 따라 읽으며 익혀 보세요.

会话 **1**

□□	生日	shēngrì	명	생일
□□	月	yuè	명	월
□□	号	hào	양	일
□□	那天	nà tiān		그날
□□	星期	xīngqī	명	요일, 주(週)
□□	星期六	xīngqīliù	명	토요일

会话 **2**

□□	快乐	kuàilè	형	즐겁다
□□	买	mǎi	동	사다
□□	蛋糕	dàngāo	명	케이크
□□	今天	jīntiān	명	오늘
□□	跟	gēn	개	~와/과
□□	一起	yìqǐ	부	함께
□□	过	guò	동	보내다, 지내다
□□	非常	fēicháng	부	매우, 몹시
□□	开心	kāixīn	형	기쁘다, 즐겁다

발음 트레이닝

track **08-3**

3음절 발음 연습(2)

Shìjièbēi	Àoyùnhuì	pīngpāngqiú
xīngqītiān	shuāngxiūrì	Shèngdàn Jié
Lǐ Xiǎolóng	Zhāng Yìmóu	Zhōu Jiélún

동건은 샤오팅의 생일이 언제인지 궁금해요.

东建
Dōngjiàn

你的生日是几月几号？❶
Nǐ de shēngrì shì jǐ yuè jǐ hào?

小婷
Xiǎotíng

十月十四号。
Shí yuè shísì hào.

东建
Dōngjiàn

那天是星期几？
Nà tiān shì xīngqī jǐ?

小婷
Xiǎotíng

星期六。
Xīngqīliù.

스피킹 표현 Tip

❶ '你的生日是几月几号?' 문장에서 是를 생략하면 명사술어문이 돼요. 명사술어문의 부정형을 말할 때는 是를 생략할 수 없어요.

예　긍정문　我的生日十月十四号。 내 생일은 10월 14일이다.
　　　　　Wǒ de shēngrì shí yuè shísì hào.

　　의문문　你的生日几月几号? 너의 생일은 몇 월 며칠이니?
　　　　　Nǐ de shēngrì jǐ yuè jǐ hào?

　　부정문　我的生日不是十月十四号。 내 생일은 10월 14일이 아니다.
　　　　　Wǒ de shēngrì bú shì shí yuè shísì hào.

스피킹 준비! 우리말을 보고 빈칸을 채운 후 큰 소리로 말해 보세요.

동건	너의 생일은 몇 월 며칠이야?	你的生日是 ? Nǐ de shēngrì shì
샤오팅	10월 14일이야.	月 号。 yuè hào.
동건	그날은 무슨 요일이야?	那天是 几? Nà tiān shì jǐ?
샤오팅	토요일이야.	。

중국 엿보기

중국의 기념일

중국은 밸런타인데이와 어린이날의 날짜가 우리와 달라요. 중국의 밸런타인데이
(七夕情人节 Qīxī Qíngrén Jié)는 음력 7월 7일이고, 6월 1일이 어린이날(儿童节
Értóng Jié)이죠. 중국에는 '솔로의 날'도 있는데, 혼자를 뜻하는 숫자 1이 네 개가 있
는 11월 11일이 바로 솔로의 날(光棍节 Guānggùn Jié)이에요. 이 외에 3월 8일 부녀
자의 날(妇女节 Fùnǚ Jié), 5월 1일 노동절(劳动节 Láodòng Jié), 10월 1일 국경절
(国庆节 Guóqìng Jié) 등의 기념일이 있어요.

会话 2 Dialogue 2

track 08-5

샤오팅의 생일날, 친구들이 다함께 모였어요.

东建
Dōngjiàn

小婷，生日快乐❷！
Xiǎotíng, shēngrì kuàilè!

这是我们买的蛋糕。
Zhè shì wǒmen mǎi de dàngāo.

小婷
Xiǎotíng

谢谢！
Xièxie!

今天跟你们一起过生日，我非常开心。
Jīntiān gēn nǐmen yìqǐ guò shēngrì, wǒ fēicháng kāixīn.

스피킹 표현 Tip

❷ 축하할 만한 일이나 특별한 날 뒤에 快乐를 덧붙여 '~을 축하합니다', '~을 잘 보내세요'라는 의미를 나타낼 수 있어요.

예 毕业快乐！Bìyè kuàilè! 졸업을 축하합니다!

新年快乐！Xīnnián kuàilè! 새해 복 많이 받으세요!

New 단어 毕业 bìyè 图 졸업하다 | 新年 xīnnián 图 신년, 새해

说一说 **2** Speaking 2

01 스피킹 준비! 우리말을 보고 빈칸을 채운 후 큰 소리로 말해 보세요.

동건 샤오팅, 생일 축하해!

小婷,   快乐!
Xiǎotíng,   kuàilè!

이건 우리가 산 케이크야.

这是我们   蛋糕。
Zhè shì wǒmen   dàngāo.

샤오팅 고마워!

        !
Xièxie!

오늘 너희랑 같이 생일을
보내서 매우 즐거워.

今天   你们   生日,
Jīntiān   nǐmen   shēngrì,

我非常开心。
wǒ fēicháng kāixīn.

02 스피킹 도전! 다음 질문에 대답해 보세요.

❶ A 东建他们买的是什么?
    Dōngjiàn tāmen mǎi de shì shénme?

   B _____ 。

❷ A 小婷为什么非常开心?
    Xiǎotíng wèishénme fēicháng kāixīn?

   B _____ 。

❸ A 你的生日几月几号?
    Nǐ de shēngrì jǐ yuè jǐ hào?

   B _____ 。

New 단어 为什么 wèishénme 때 왜, 무엇 때문에

语法

1 날짜 표현

❶ '연도'는 숫자를 하나씩 끊어서 읽는다.

二零二三年 èr líng èr sān nián 2023년

❷ '월'은 숫자 뒤에 月를 써서 나타낸다.

一月 yī yuè 1월	二月 èr yuè 2월	三月 sān yuè 3월	四月 sì yuè 4월
五月 wǔ yuè 5월	六月 liù yuè 6월	七月 qī yuè 7월	八月 bā yuè 8월
九月 jiǔ yuè 9월	十月 shí yuè 10월	十一月 shíyī yuè 11월	十二月 shí'èr yuè 12월

❸ '일'은 날짜 뒤에 号나 日(rì 날, 일)를 써서 나타내는데, 구어체에서는 号를 쓴다.

一号 yī hào 1일　　　　　　　三十号 sānshí hào 30일

▶ 때를 나타내는 표현

작년	올해	내년
去年 qùnián	今年 jīnnián	明年 míngnián
지난달	이번 달	다음 달
上个月 shàng ge yuè	这个月 zhège yuè	下个月 xià ge yuè
지난주	이번 주	다음 주
上(个)星期 shàng (ge) xīngqī	这(个)星期 zhè(ge) xīngqī	下(个)星期 xià (ge) xīngqī
어제	오늘	내일
昨天 zuótiān	今天 jīntiān	明天 míngtiān

> **체크 체크** 다음 날짜를 중국어로 쓰세요. ────────
>
> ❶ 1990년 10월 12일　→ _____
>
> ❷ 2008년 8월 8일　→ _____
>
> ❸ 2024년 6월 27일　→ _____

2 요일 표현

❶ '요일'은 星期 뒤에 숫자 一에서 六를 써서 나타낸다. 단, 일요일은 天이나 日를 붙인다.

월요일	화요일	수요일	목요일	금요일	토요일	일요일
星期一	星期二	星期三	星期四	星期五	星期六	星期天(日)
xīngqīyī	xīngqī'èr	xīngqīsān	xīngqīsì	xīngqīwǔ	xīngqīliù	xīngqītiān(rì)

❷ 星期 대신에 周(zhōu 주, 요일)나 礼拜(lǐbài 요일)를 써서 요일을 표현할 수 있다. 단, 周를 쓸 때는 个를 쓰지 않는다.

周一 zhōuyī 월요일

上周 / 下周 shàng zhōu/xià zhōu 지난주 / 다음 주

礼拜天 lǐbàitiān 일요일

下(个)礼拜 xià (ge) lǐbài 다음 주

3 跟···一起

개사 跟은 '~와/과'라는 뜻으로 「跟+사람+一起」 형식으로 쓰여 '~와 함께'라는 의미를 나타낸다. 跟 대신에 和를 쓸 수 있다.

我跟同学一起学汉语。 나는 같은 반 친구와 함께 중국어를 배운다.
Wǒ gēn tóngxué yìqǐ xué Hànyǔ.

我和家人一起过生日。 나는 가족과 함께 생일을 보낸다.
Wǒ hé jiārén yìqǐ guò shēngrì.

> 체크 체크 제시된 단어를 배열하여 문장을 완성하세요.
>
> ❶ 姐姐 / 我跟 / 去 / 一起 / 中国 → _____
> 나는 언니(누나)와 함께 중국에 간다.
>
> ❷ 同学 / 老师 / 一起 / 和 / 吃饭 → _____
> 선생님은 반 친구와 함께 밥을 먹는다.

New 단어 年 nián 몡 해, 년 | 同学 tóngxué 몡 학우, 학교 친구 | 学 xué 동 공부하다, 배우다 | 家人 jiārén 몡 가족 | 饭 fàn 몡 밥

练习

track 08-6

1 발음 연습 · 녹음을 듣고 빈칸에 알맞은 병음을 써보세요.

❶ Zuót_____ xīngqī _____?

❷ Jīntiān liù y_____ shísān h_____.

❸ Zhè shì wǒ _____ de dàngāo.

❹ Wǒ fēicháng k_____ x_____.

track 08-7

2 문장 듣기 · 녹음을 듣고 내용과 일치하는 사진을 고르세요.

A 一月

S	M	T	W	T	F	S
					1	2
3	4	5	6	7	8	9
10	11	12	13	14	15	16
17	18	⑲	20	21	22	23
24	25	26	27	28	29	30
31						

B 六月

S	M	T	W	T	F	S
		1	2	3	4	5
6	7	8	9	10	11	12
13	14	15	16	17	18	19
20	21	22	23	㉔	25	26
27	28	29	30			

C

D

❶ _____   ❷ _____

❸ _____   ❹ _____

3 도전! 스피킹 · 그림을 보고 대화를 완성해 보세요.

❶

A ＿＿＿＿＿＿＿＿＿＿＿＿ ?

B 今天星期天。
Jīntiān xīngqītiān.

❷

A 爸爸的生日是几月几号?
Bàba de shēngrì shì jǐ yuè jǐ hào?

B ＿＿＿＿＿＿＿＿＿＿＿ 。

4 쓰기 내공 쌓기 · 주어진 단어를 활용하여 다음 문장을 중국어로 써보세요.

❶ 생일 축하해! (快乐)

➜ ＿＿＿＿＿＿＿＿＿＿＿＿＿＿＿＿＿＿＿＿＿＿＿＿

❷ 오늘은 월요일이야. (星期)

➜ ＿＿＿＿＿＿＿＿＿＿＿＿＿＿＿＿＿＿＿＿＿＿＿＿

❸ 나는 친구와 함께 중국어를 배워요. (跟…一起)

➜ ＿＿＿＿＿＿＿＿＿＿＿＿＿＿＿＿＿＿＿＿＿＿＿＿

문화 PLUS⁺

춘절(春节 Chūnjié)

춘절은 중국 최대의 명절로 음력 1월 1일이에요. 우리나라의 음력설에 해당하고 공식적인 연휴 기간은 7일 정도예요. 춘절에는 집안을 깨끗이 정리하고 집집마다 춘련(春联 chūnlián)을 붙이며 한 해의 복을 빌죠.

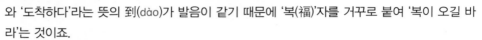

'복(福 fú)'자를 거꾸로 붙이는 풍습은 지금도 중국 어디서나 흔하게 볼 수 있는데, 중국어로 '거꾸로'라는 뜻의 倒(dào)와 '도착하다'라는 뜻의 到(dào)가 발음이 같기 때문에 '복(福)'자를 거꾸로 붙여 '복이 오길 바라'는 것이죠.

춘절에 북방 사람들은 饺子(jiǎozi 교자)를, 남방 사람들은 年糕(niángāo 설 떡)나 汤圆(tāngyuán 탕위안)을 먹고요, 어른들은 아이들에게 세뱃돈(压岁钱 yāsuìqián)을 빨간 봉투(红包 hóngbāo)에 담아 줘요.

단오절(端午节 Duānwǔ Jié)

단오절은 음력 5월 5일로, 이날에는 쫑쯔(粽子 zòngzi)를 먹고 용선(龙船 lóngchuán) 경기를 해요. 단오절은 초(楚 Chǔ)나라 시인 굴원(屈原 Qū Yuán)을 기념한 명절이에요. 굴원은 초나라의 수도가 진(秦 Qín)나라에 함락되자 비분함을 견디지 못하고 멱라강에 뛰어들어 목숨을 끊었는데, 물고기들이 시신을 훼손하지 못하게 사람들이 대나무 통에 찹쌀을 넣어 강물에 던졌다고 해요. 이 음식이 쫑쯔로 발전했고, 시신을 찾기 위해 배를 몰았던 것이 용선 경기로 발전했죠.

중추절(中秋节 Zhōngqiū Jié)

중추절은 음력 8월 15일로 우리나라의 추석에 해당해요. 우리만큼 큰 명절로 여겨지지는 않고, 2008년에 법정 공휴일로 제정되었어요. 이날에는 월병(月饼 yuèbing)을 먹고 보름달을 감상하죠. 월병은 동글납작한 모양을 하고 있는데, 이는 보름달과 가족의 단란함을 상징해요.

你几点下班?

Nǐ jǐ diǎn xiàbān?

당신은 몇 시에 퇴근해요?

主要句子 Key Expressions

■ 주요 문장을 따라 읽으며 중국어의 뼈대를 다지세요.

01 시간을 말할 때

我 **七点** **下班**。 Wǒ qī diǎn xiàbān.
나는 7시에 퇴근해요.

九点 9시
jiǔ diǎn

十二点 12시
shí'èr diǎn

上课 수업하다
shàngkè

睡觉 자다
shuìjiào

02 약속 장소를 말할 때

我们在 **咖啡厅** 等你。 Wǒmen zài kāfēitīng děng nǐ.
우리는 카페에서 당신을 기다릴게요.

门口 입구
ménkǒu

地铁站 지하철역
dìtiězhàn

> 在는 개사일 때는 '~에서', 동사일 때는 '~에 있다'라는 의미로 쓰여요.

03 위치를 말할 때

我们在餐厅 **里边**。 Wǒmen zài cāntīng lǐbian.
우리는 식당 안에 있어요.

外边 바깥쪽
wàibian

前边 앞쪽
qiánbian

生词 words

■ 새로 나온 단어를 따라 읽으며 익혀 보세요.

会话 1

☐☐ 点　　diǎn　　양 시[시각]

☐☐ 下班　　xiàbān　　통 퇴근하다

☐☐ 咱们　　zánmen　　대 우리

☐☐ 半　　bàn　　수 절반, 반

☐☐ 见　　jiàn　　통 보(이)다, 만나다

☐☐ 在　　zài　　개 ~에서

☐☐ 餐厅　　cāntīng　　명 식당, 레스토랑

☐☐ 等　　děng　　통 기다리다

会话 2

☐☐ 里边　　lǐbian　　명 안쪽

☐☐ 不好意思　　bù hǎoyìsi
미안하다, 창피하다

☐☐ 刚刚　　gānggāng　　부 방금, 막

☐☐ 先　　xiān　　부 먼저

☐☐ 点　　diǎn　　통 주문하다

☐☐ 菜　　cài　　명 요리, 음식

☐☐ 分钟　　fēnzhōng　　양 분[시간의 길이를 나타냄]

☐☐ 后　　hòu　　명 뒤, 후

☐☐ 到　　dào　　통 도착하다

 발음 트레이닝

4음절 발음 연습(1)

yì fān fēng shùn　　　èr lóng téng fēi　　　sān yáng kāi tài

sìjì píng'ān　　　wǔ fú lín mén　　　liù liù dà shùn

qī xīng gāo zhào　　　bā fāng lái cái　　　jiǔ jiǔ tóng xīn

会话 1 Dialogue 1

track 09-4

\# 수정과 동건이 약속 시간을 정하고 있어요.

水晶
Shuǐjīng
你几点下班?
Nǐ jǐ diǎn xiàbān?

东建
Dōngjiàn
我七点下班。
Wǒ qī diǎn xiàbān.

咱们❶七点半见吧。
Zánmen qī diǎn bàn jiàn ba.

水晶
Shuǐjīng
好的❷,
Hǎode,

我们在餐厅❸等你。
wǒmen zài cāntīng děng nǐ.

스피킹 표현 Tip

❶ 我们과 咱们은 모두 '우리'라는 뜻이지만 咱们은 듣는 사람을 포함하고, 我们은 듣는 사람을 포함할 수도 있고 포함하지 않을 수도 있어요.

❷ 好 뒤의 的는 긍정의 어기를 나타내요. 好的는 好보다 부드러운 느낌을 줘요.

❸ '식당'의 의미로 쓰이는 단어로는 餐厅, 饭馆儿, 食堂, 饭店 등이 있는데, 의미에 차이가 있어요.

- 餐厅(cāntīng) … 가격대가 높고 큰 레스토랑
- 饭馆儿(fànguǎnr) … 비교적 저렴하고 흔한 밥집
- 食堂(shítáng) … 학교, 회사 등의 구내식당
- 饭店(fàndiàn) … 식당, 호텔

说一说 1 Speaking 1

스피킹 준비! 우리말을 보고 빈칸을 채운 후 큰 소리로 말해 보세요.

수정 너는 몇 시에 퇴근해?

你几点　　　　？
Nǐ jǐ diǎn

동건 7시에 퇴근해.

我　　　下班。
Wǒ　　　xiàbān.

우리 7시 반에 만나자.

咱们七点半　　　　。
Zánmen qī diǎn bàn

수정 좋아. 우리는 식당에서
너를 기다릴게.

好的，我们　　　　等你。
Hǎode, wǒmen　　　děng nǐ.

중국의 점심(点心)은 점심이 아니다?

우리는 点心이라고 하면 한자를 떠올려 '점심'이라고 이해하기 쉽지만, 중국어로 点心(diǎnxin)은 케이크, 과자, 구운 빵, 튀김, 만두 등 간식으로 먹는 음식을 말해요. 点心은 지역별로 특징이 있고 종류도 수천 가지가 있어요. 우리에게 '딤섬'으로 알려진 광둥식이 가장 유명해요.

track **09-5**

＃퇴근한 동건이 친구에게 연락을 해요.

东建 Dōngjiàn	你们在哪儿? Nǐmen zài nǎr?

水晶 Shuǐjīng	我们在餐厅里边。 Wǒmen zài cāntīng lǐbian.

东建 Dōngjiàn	不好意思，我刚刚下班。 Bù hǎoyìsi, wǒ gānggāng xiàbān. 你们先点菜吧。 Nǐmen xiān diǎn cài ba. 我十分钟后到。 Wǒ shí fēnzhōng hòu dào.

01 스피킹 준비! 우리말을 보고 빈칸을 채운 후 큰 소리로 말해 보세요.

동건 너희들 어디 있어?

你们 ?
Nǐmen

수정 우리는 식당 안에 있어.

我们在餐厅 。
Wǒmen zài cāntīng

동건 미안해, 나 방금 퇴근했어.

不好意思，我刚刚 。
Bù hǎoyìsi, wǒ gānggāng

너희 먼저 주문해.

你们先 吧。
Nǐmen xiān ba.

나는 10분 후에 도착해.

我十 后 。
Wǒ shí hòu

02 스피킹 도전! 다음 질문에 대답해 보세요.

❶ A 水晶在哪儿?
Shuǐjīng zài nǎr?

B _____。

❷ A 东建什么时候到?
Dōngjiàn shénme shíhou dào?

B _____。

❸ A 你跟朋友在哪儿见?
Nǐ gēn péngyou zài nǎr jiàn?

B _____。

참고
단어

*电影院 diànyǐngyuàn 몡 영화관
*游乐场 yóulèchǎng 몡 놀이공원
*网吧 wǎngbā 몡 PC방

New 단어 什么时候 shénme shíhou 언제

语法

1 시간 표현

❶ '시'는 숫자 뒤에 点(diǎn), '분'은 숫자 뒤에 分(fēn)을 써서 나타낸다.

1:01	一点(零)一分 yī diǎn (líng) yī fēn	点과 分 앞의 一는 보통 제1성으로 읽는다.
2:02	两点(零)二分 liǎng diǎn (líng) èr fēn	2시는 两点을 쓴다.
3:15	三点十五分 sān diǎn shíwǔ fēn 三点一刻 sān diǎn yí kè	15분은 一刻(yí kè)로 말할 수 있다. 两刻라는 표현은 없고, 三刻는 잘 쓰지 않는다.
4:30	四点三十分 sì diǎn sānshí fēn 四点半 sì diǎn bàn	30분은 半으로 말할 수 있다.
6:55	六点五十五分 liù diǎn wǔshíwǔ fēn 差五分七点 chà wǔ fēn qī diǎn	'~시 ~분 전'이라는 표현은 '모자라다', '부족하다' 라는 뜻의 差(chà)를 써서 나타낸다.

我十一点睡觉。 나는 11시에 자.
Wǒ shíyī diǎn shuìjiào.

我三点半下课。 나는 3시 반에 수업이 끝나.
Wǒ sān diǎn bàn xiàkè.

체크 체크 다음 시간을 중국어로 말해 보세요.

❶ 2:30 → _____

❷ 3:15 → _____

❸ 1:55 → _____

❹ 12:29 → _____

2 개사 在

在는 '~에 있다'라는 동사 의미 외에 개사로 쓰여 '~에서'라는 의미를 나타낸다. 개사로 쓰일 때는 주로「在+장소+동사」의 형식으로 쓰인다.

동사 我在咖啡厅。 나는 카페에 있다.
Wǒ zài kāfēitīng.

개사 我在咖啡厅学习。 나는 카페에서 공부한다.
Wǒ zài kāfēitīng xuéxí.

체크 체크 제시된 단어를 배열하여 문장을 완성하세요.

① 姐姐 / 在 / 不 / 这儿 → _____
누나(언니)는 여기에 없다.

② 工作 / 你 / 哪儿 / 在 → _____
너는 어디에서 일하니?

3 방위사

위쪽	아래쪽	앞쪽	뒤쪽
上边 shàngbian	下边 xiàbian	前边 qiánbian	后边 hòubian
왼쪽	오른쪽	안쪽	바깥쪽
左边 zuǒbian	右边 yòubian	里边 lǐbian	外边 wàibian
동쪽	남쪽	서쪽	북쪽
东边 dōngbian	南边 nánbian	西边 xībian	北边 běibian
옆쪽	양쪽	가운데	맞은편
旁边 pángbiān	两边 liǎngbiān	中间 zhōngjiān	对面 duìmiàn

Tip 방위사 뒤에 접미사 边 대신에 面을 쓸 수 있어요. (예 上边 = 上面) 단, 旁边은 旁面이라고 쓸 수 없어요.

New 단어 下课 xiàkè 통 수업을 마치다, 수업이 끝나다 | 学习 xuéxí 통 공부하다

练习

track 09-6

1 발음 연습 · 녹음을 듣고 빈칸에 알맞은 병음을 써보세요.

❶ Wǒ qī d_____ xiàb_____.

❷ Wǒmen zài cān_____ děng nǐ.

❸ Z_____men qī diǎn bàn j_____ ba.

❹ Wǒ wǔ f_____ zh_____ hòu dào.

track 09-7

2 문장 듣기 · 녹음을 듣고 내용과 일치하는 사진을 고르세요.

A

B

C

D

❶ _____

❷ _____

❸ _____

❹ _____

3 도전! 스피킹 · 그림을 보고 대화를 완성해 보세요.

❶

A _____?

B 我七点起床。
　Wǒ qī diǎn qǐchuáng.

❷

A 现在几点?
　Xiànzài jǐ diǎn?

B _____。

4 쓰기 내공 쌓기 · 주어진 단어를 활용하여 다음 문장을 중국어로 써보세요.

❶ 나는 5시에 수업이 끝나. (下课)

　➡ _____

❷ 우리는 입구에서 널 기다릴게. (门口)

　➡ _____

❸ 나는 회사 앞에 있어. (前边)

　➡ _____

New 단어　起床 qǐchuáng 통 기상하다, 일어나다

문화 PLUS⁺

중국의 베이징 타임에 대해 알아봐요.

중국은 우리나라보다 1시간이 느린데, 한반도 면적의 44배나 되는 중국 내에서는 시차가 있을까요? 중국의 면적과 비슷한 미국을 떠올리면 중국 지역에도 당연히 시차가 존재한다고 생각하기 쉽죠.

실제로 중국은 위도 경도 차이가 많이 나요. 경도의 동서 간 차이는 약 62도가 차이 나는데, 경도 15도마다 1시간씩 시차가 생기기 때문에 중국 내에서는 5시간의 시차가 발생하죠. 1912년에 베이징 중앙기상대가 전국을 다섯 개의 시간대로 구분했는데, 바로 쿤룬 시간대(세계 표준시+5시간 30분, 신장 서부와 티베트 지역 일부), 신장 시간대(세계 표준시+6시간, 신장과 티베트), 룽슈 시간대(세계 표준시+7시간, 중부 지역), 중원 표준시간대(세계 표준시+8시간, 중국 해안 지역), 창바이 시간대(세계 표준시+8시간 30분, 중국 동북 지역)예요.

하지만 1949년 중화인민공화국이 수립된 후, 동일 시간권에 대한 구분 없이 베이징의 시각을 기준으로 중국 전역의 시간을 하나로 통일했어요. 광활한 영토에 하나의 시간대를 쓰기 때문에 부작용이 생기기도 하는데, 중국 서부 지역은 베이징보다 3시간 이상 시차가 있지만 베이징 시각을 기준으로 생활하기 때문에 우루무치 지역의 경우에는 출근 시간을 10~11시 정도로 조정해서 생활하고 있다고 해요.

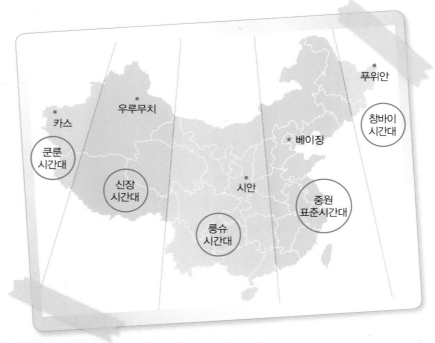

我想去玩儿。

Wǒ xiǎng qù wánr.

나는 놀러 가고 싶어요.

主要句子 key Expressions

■ 주요 문장을 따라 읽으며 중국어의 뼈대를 다지세요.

01 하고 싶은 것을 말할 때

我想 去游乐场 。 Wǒ xiǎng qù yóulèchǎng.
나는 놀이공원에 가고 싶어요.

看电影 영화를 보다
kàn diànyǐng

回家 집으로 돌아가다
huíjiā

02 '~에 ~하러 가다' 표현을 말할 때

我去 公园 玩儿 。 Wǒ qù gōngyuán wánr.
나는 공원에 놀러 가요.

学校 학교
xuéxiào

学习 공부하다
xuéxí

饭馆儿 식당
fànguǎnr

吃饭 밥을 먹다
chī fàn

03 경험을 물을 때

你 去 过吗? Nǐ qùguo ma? 당신은 가본 적 있어요?

听 듣다
tīng

见 보(이)다, 만나다
jiàn

生词 words

■ 새로 나온 단어를 따라 읽으며 익혀 보세요.

会话 1

☐☐	周末	zhōumò	명 주말
☐☐	想	xiǎng	조동 ~하고 싶다
☐☐	干	gàn	동 하다
☐☐	玩儿	wánr	동 놀다
☐☐	游乐场	yóulèchǎng	명 놀이공원

会话 2

☐☐	过	guo	조 ~한 적이 있다[경험을 나타내는 조사]
☐☐	还	hái	부 아직
☐☐	没	méi	부 ~하지 않았다
☐☐	听说	tīngshuō	동 듣자 하니, 듣건대
☐☐	好玩儿	hǎowánr	형 재미있다, 놀기가 좋다
☐☐	怎么样	zěnmeyàng	대 어떠하다
☐☐	太…了	tài…le	너무 ~하다
☐☐	济州岛	Jìzhōudǎo	고유 제주도

발음 트레이닝

track **10-3**

4음절 발음 연습(2)

Yīngxióng Běnsè	Bàwáng Bié Jī	Wòhǔ Cánglóng
Sānguó Yǎnyì	Huāyàng Niánhuá	Dōngjì Liàngē
Kuángrén Rìjì	Gōngfu Xióngmāo	Xiào Ào Jiānghú

track **10-4**

#동건과 샤오팅이 주말 계획에 대해 이야기하고 있어요.

东建
Dōngjiàn
周末你想干❶什么？
Zhōumò nǐ xiǎng gàn shénme?

小婷
Xiǎotíng
我想去玩儿。
Wǒ xiǎng qù wánr.

东建
Dōngjiàn
你想去哪儿玩儿？
Nǐ xiǎng qù nǎr wánr?

小婷
Xiǎotíng
我想去游乐场。
Wǒ xiǎng qù yóulèchǎng.

스피킹 표현 Tip

❶ 干 대신에 做를 쓸 수 있는데, 구어체에서는 干을 더 많이 써요. 干은 做보다 가벼운 느낌을 줘요.

스피킹 준비! 우리말을 보고 빈칸을 채운 후 큰 소리로 말해 보세요.

동건 주말에 너는 뭐 하고 싶어?

你想干什么?
nǐ xiǎng gàn shénme?

샤오팅 나는 놀러 가고 싶어.

我想去　　　　。
Wǒ xiǎng qù

동건 너는 어디로 놀러 가고 싶어?

你想　　　玩儿?
Nǐ xiǎng　　　wánr?

샤오팅 나는 놀이공원에 가고 싶어.

游乐场。
yóulèchǎng.

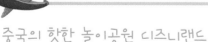

중국의 핫한 놀이공원 디즈니랜드

중국 최초, 아시아 최대의 놀이공원인 상하이 디즈니랜드(迪士尼乐园 Díshìní Lèyuán)는 390만㎡의 부지에 디즈니랜드를 현지화한 테마파크예요. 지하철로 갈 수 있는데, 11호선 디즈니리조트역에서 하차하면 돼요. 개장 시간 전부터 표를 사기 위해 아침 일찍 줄을 서는 경우가 많아서 입장권은 미리 구입하는 것을 추천해요. 우리나라에서 티켓을 사면 현지에서보다 저렴한 가격에 구매할 수 있어요.

会话 **2** Dialogue 2

\# 동건과 샤오팅이 함께 주말 계획을 세워요.

小婷	你去过济州岛吗?
Xiǎotíng	Nǐ qùguo Jìzhōudǎo ma?

东建	我还没去过，听说很好玩儿。
Dōngjiàn	Wǒ hái méi qùguo, tīngshuō hěn hǎowánr.

小婷	我们周末一起去，怎么样❷?
Xiǎotíng	Wǒmen zhōumò yìqǐ qù, zěnmeyàng?

东建	太好了❸!
Xiǎotíng	Tài hǎo le!

스피킹 표현 Tip

❷ 怎么样은 문장 끝에 쓰여 '~하는 게 어때요?'라는 의미를 나타내요. 怎么样 대신에 好吗, 好不好를 쓸 수 있어요.

❸ '太…了'는 '너무 ~하다'라는 뜻으로, 강조하고자 하는 상태나 성질을 太와 了 사이에 넣어요.

说一说 2 Speaking 2

01 스피킹 준비! 우리말을 보고 빈칸을 채운 후 큰 소리로 말해 보세요.

샤오팅 너는 제주도에 가봤어?	你 ___ 济州岛吗? Nǐ ___ Jìzhōudǎo ma?
동건 아직 가본 적 없어.	我 ___ 去过, Wǒ ___ qùguo,
듣자 하니 매우 재미있다 고 하더라.	___ 很好玩儿。 ___ hěn hǎowánr.
샤오팅 우리 주말에 같이 가는 게 어때?	我们 ___ 一起去, ___? Wǒmen ___ yìqǐ qù, ___?
동건 너무 좋아!	太 ___ ! Tài ___

02 스피킹 도전! 다음 질문에 대답해 보세요.

❶ A 东建去过济州岛吗?
　　Dōngjiàn qùguo Jìzhōudǎo ma?

　 B _____ 。

❷ A 他们周末一起做什么?
　　Tāmen zhōumò yìqǐ zuò shénme?

　 B _____ 。

❸ A 你去过中国吗?
　　Nǐ qùguo Zhōngguó ma?

　 B _____ 。

语法

1 조동사 想

想은 조동사로 동사 앞에 쓰여 '~하고 싶다'는 바람을 나타낸다.

긍정문 我想去北京。 나는 베이징에 가고 싶다.
Wǒ xiǎng qù Běijīng.

부정문 我不想喝牛奶。 나는 우유를 마시고 싶지 않다.
Wǒ bù xiǎng hē niúnǎi.

의문문 你想一起旅行吗? 너는 같이 여행하고 싶니?
Nǐ xiǎng yìqǐ lǚxíng ma?

你想不想吃西瓜? 너는 수박을 먹고 싶니?
Nǐ xiǎng bu xiǎng chī xīguā?

🔍 **체크체크** 다음 문장을 바르게 고치세요.

❶ 我去想中国。 → _____

❷ 你想吃不吃西瓜? → _____

---

2 연동문

하나의 주어에 두 개 이상의 동사가 연결되어 동사의 순서에 따라 동작이 발생함을 나타내는 문장을 '연동문'이라고 한다.

我去公司上班。 나는 회사에 출근하러 간다.
Wǒ qù gōngsī shàngbān.

弟弟来我家吃晚饭。 남동생이 우리 집에 와서 저녁밥을 먹는다.
Dìdi lái wǒ jiā chī wǎnfàn.

부정부사 不나 没는 보통 첫 번째 동사 앞에 온다.

爸爸不坐地铁上班。 아빠는 지하철을 타고 출근하지 않는다.
Bàba bú zuò dìtiě shàngbān.

他没有时间玩儿。 그는 놀 시간이 없다.
Tā méiyǒu shíjiān wánr.

다음 두 문장을 연결하여 연동문으로 만들어 보세요. 체크 체크

❶ 我去电影院。我看电影。 → _____

❷ 他去超市。他买东西。 → _____

3 경험을 나타내는 过

조사 过는 동사 뒤에 쓰여 '~한 적이 있다'라는 뜻으로 경험을 나타낸다. 부정형은 동사 앞에 没를 쓴다.

긍정문 我看过中国电影。 나는 중국 영화를 본 적이 있다.
Wǒ kànguo Zhōngguó diànyǐng.

부정문 我没吃过中国菜。 나는 중국 음식을 먹어 본 적이 없다.
Wǒ méi chīguo Zhōngguó cài.

의문문 你听过这个故事吗? 너는 이 이야기를 들어 본 적 있니?
Nǐ tīngguo zhège gùshi ma?

다음 중 过가 들어갈 알맞은 위치를 고르세요. 체크 체크

❶ 我 A 还 B 没 C 穿 D 旗袍。

❷ 你 A 做 B 菜 C 吗?

❸ 我 A 在这儿 B 吃 C 饭。

New 단어 旅行 lǚxíng 통 여행하다 | 西瓜 xīguā 명 수박 | 上班 shàngbān 통 출근하다 | 晚饭 wǎnfàn 명 저녁밥 | 坐 zuò 통 (교통수단을) 타다 | 地铁 dìtiě 명 지하철 | 电影院 diànyǐngyuàn 명 영화관 | 东西 dōngxi 명 물건 | 故事 gùshi 명 이야기 | 穿 chuān 통 입다 | 旗袍 qípáo 명 치파오[중국 여성의 전통 의상]

练习

1 발음 연습 · 녹음을 듣고 빈칸에 알맞은 병음을 써보세요.

❶ T_____ h_____ le!

❷ Wǒ x_____ q_____ wánr.

❸ Wǒ h_____ méi qù_____.

❹ Wǒmen yìqǐ qù, z_____ mey_____?

2 문장 듣기 · 녹음을 듣고 내용과 일치하는 사진을 고르세요.

A

B

C

D

❶ _____

❷ _____

❸ _____

❹ _____

3 도전! 스피킹 · 그림을 보고 대화를 완성해 보세요.

❶

A ＿＿＿＿＿＿＿＿＿＿＿＿＿ ?

B 我想吃炒饭。
Wǒ xiǎng chī chǎofàn.

❷

A 你去过美国吗?
Nǐ qùguo Měiguó ma?

B ＿＿＿＿＿＿＿＿＿＿＿＿ 。

4 쓰기 내공 쌓기 · 주어진 단어를 활용하여 다음 문장을 중국어로 써보세요.

❶ 너는 뭐 하고 싶니? (想)

➡ ＿＿＿＿＿＿＿＿＿＿＿＿＿＿＿＿＿＿＿＿＿＿＿

❷ 나는 주말에 옷을 사러 가. (买)

➡ ＿＿＿＿＿＿＿＿＿＿＿＿＿＿＿＿＿＿＿＿＿＿＿

❸ 나는 베이징에 가본 적이 없어. (过)

➡ ＿＿＿＿＿＿＿＿＿＿＿＿＿＿＿＿＿＿＿＿＿＿＿

New 단어 炒饭 chǎofàn 몡 볶음밥

문화 PLUS⁺

천안문
(天安门 Tiān'ānmén)

베이징의 한가운데 위치한 천안문은 1949년에 중화인민공화국 수립을 선포한 현대 중국의 상징적인 장소로 마오쩌둥(毛泽东 Máo Zédōng)의 대형 초상화가 걸려 있어요. 천안문 광장은 총 면적 44만㎡로 세계 최대의 광장이에요.

고궁
(故宫 Gùgōng)

자금성(紫禁城 Zǐjìnchéng)이라고도 불리는 명청(明清) 시기의 궁궐인 고궁은 현존하는 세계 최대 규모의 궁전이에요. 주위 장벽의 길이는 약 1만m, 면적은 약 72만㎡로 근처에 경산(景山 Jǐngshān), 경화도(琼华岛 Qiónghuádǎo) 등이 있어요.

이화원
(颐和园 Yíhéyuán)

베이징 서쪽에 위치한 황실 정원으로 1998년에 세계문화유산으로 지정되었어요. 인공 호수라고는 믿기 어려운 규모의 곤명호(昆明湖 Kūnmínghú)와 곤명호를 만들 때 파낸 흙을 쌓아 올린 인공산 만수산(万寿山 Wànshòushān), 중국 고전 문학에 나오는 장면들을 묘사한 회화로 장식된 산책로 장랑(长廊 chángláng)이 유명해요.

만리장성
(万里长城 Wànlǐ Chángchéng)

만리장성은 약 6,300㎞에 이르는 성벽으로 세계문화유산에 등재되어 있어요. 원래 춘추전국시대에 다른 나라의 침입을 막기 위해 구축한 것으로 진나라 때 연결하여 완성되었어요. 현재 팔달령 장성(八达岭长城 Bādálǐng Chángchéng), 산해관(山海关 Shānhǎiguān), 옥문관(玉门关 Yùménguān) 등이 남아 있어요.

他在开会呢。

Tā zài kāihuì ne.

그는 회의 중이에요.

主要句子 key Expressions

■ 주요 문장을 따라 읽으며 중국어의 뼈대를 다지세요.

01 '～하고 있다' 표현을 말할 때

他在 开会 呢。 Tā zài kāihuì ne. 그는 회의하고 있어요.

上课 수업하다
shàngkè

听音乐 음악을 듣다
tīng yīnyuè

어기조사 呢는 문장 끝에 쓰여 동작이나 상황이 지속됨을 나타내요.

02 가능성을 물을 때

你能 接电话 吗? Nǐ néng jiē diànhuà ma?
당신은 전화를 받을 수 있어요?

来学校 학교에 오다
lái xuéxiào

帮我 나를 도와주다
bāng wǒ

'전화하다'는 打电话(dǎ diànhuà),
'전화를 받다'는 接电话(jiē diànhuà),
'전화를 끊다'는 挂电话(guà diànhuà)예요.

03 '～에게' 표현을 말할 때

我给你 打电话 。 Wǒ gěi nǐ dǎ diànhuà.
내가 당신에게 전화할게요.

发短信 문자 메시지를 보내다
fā duǎnxìn

照相 사진을 찍다
zhàoxiàng

生词 words

track **11-2**

■ 새로 나온 단어를 따라 읽으며 익혀 보세요.

会话 1

□□	同事	tóngshì	명 동료
□□	喂	wéi	감탄 여보세요
□□	找	zhǎo	동 찾다
□□	在	zài	부 ~하고 있는 중이다
□□	开会	kāihuì	동 회의하다
	位	wèi	양 분, 명[존칭어]
□□	一会儿	yíhuìr	수량 잠시, 곧
□□	再	zài	부 다시
□□	打	dǎ	동 (전화를) 걸다

会话 2

□□	能	néng	조동 ~할 수 있다
□□	接	jiē	동 (전화를) 받다
□□	电话	diànhuà	명 전화
□□	上课	shàngkè	동 수업하다
□□	什么时候	shénme shíhou	언제
□□	下课	xiàkè	동 수업을 마치다, 수업이 끝나다
□□	给	gěi	개 ~에게 동 주다

 발음 트레이닝

track **11-3**

잰말 놀이(1)

Dà tùzi, dà dùzi,
dà dùzi de dà tùzi,
yào yǎo dà tùzi de dà dùzi.

大兔子，大肚子，
大肚子的大兔子，
要咬大兔子的大肚子。

track **11-4**

샤오팅이 동건의 회사로 전화를 걸어요.

小婷	喂，我找东建，他在吗？
Xiǎotíng	Wéi, wǒ zhǎo Dōngjiàn, tā zài ma?

同事	他在开会呢，您是哪位❶？
tóngshì	Tā zài kāihuì ne, nín shì nǎ wèi?

小婷	我是他朋友，叫小婷。
Xiǎotíng	Wǒ shì tā péngyou, jiào Xiǎotíng.

同事	您一会儿❷再打吧。
tóngshì	Nín yíhuìr zài dǎ ba.

스피킹 표현 **Tip**

❶ 位는 사람을 세는 양사의 존칭어예요. 这个人을 这位, 那个人을 那位, 谁를 哪位로 높여서 표현할 수 있어요.

❷ 一会儿은 'yíhuìr'로 표기하지만 구어체에서는 'yìhuǐr'로도 읽어요.

说一说 1 Speaking 1

스피킹 준비! 우리말을 보고 빈칸을 채운 후 큰 소리로 말해 보세요.

샤오팅	여보세요, 저는 동건 씨를 찾는데, 자리에 있나요?	_____ ，我找东建，他_____？ wǒ zhǎo Dōngjiàn, tā
동료	그는 회의 중인데.	他_____开会_____， Tā　　　kāihuì
	당신은 누구세요?	您是_____？ nín shì
샤오팅	저는 그의 친구 샤오팅이라고 해요.	我是_____，_____小婷。 Wǒ shì　　　　　　　Xiǎotíng.
동료	잠시 후에 다시 전화하세요.	您_____再_____吧。 Nín　　　zài　　　ba.

중국에서 핸드폰을 개통할 때는 이렇게!

중국에서 핸드폰을 개통할 때는 여권을 가지고 통신사 대리점에 가서 유심칩을 구매하면 돼요. 대리점 직원이 핸드폰 번호를 몇 개 보여 주는데, 그중에서 마음에 드는 번호를 고르고 개인 정보를 입력하면 개통이 끝나죠. 요금제는 선불제와 후불제 방식이 있는데, 사용할 만큼 돈을 내고 충전하면 되는 선불제 방식을 더 많이 써요. 대리점에서 충전할 수도 있고 편의점이나 상점에서 충전카드를 살 수도 있어요.

会话 **2** Dialogue 2

＃샤오팅이 동건에게 문자 메시지를 보내고 있어요.

小婷
Xiǎotíng
你现在能接电话吗？
Nǐ xiànzài néng jiē diànhuà ma?

东建
Dōngjiàn
现在不能，我在上课❸呢。
Xiànzài bù néng, wǒ zài shàngkè ne.

小婷
Xiǎotíng
你什么时候下课？
Nǐ shénme shíhou xiàkè?

东建
Dōngjiàn
我九点半下课。
Wǒ jiǔ diǎn bàn xiàkè.

下课后我给你打电话吧。
Xiàkè hòu wǒ gěi nǐ dǎ diànhuà ba.

스피킹 표현 Tip

❸ 上과 下가 들어가는 동사를 알아봐요.

- 上课 shàngkè 수업하다 ⟷ 下课 xiàkè 수업이 끝나다
- 上班 shàngbān 출근하다 ⟷ 下班 xiàbān 퇴근하다
- 上车 shàng chē 차에 오르다 ⟷ 下车 xià chē 차에서 내리다

01 스피킹 준비! 우리말을 보고 빈칸을 채운 후 큰 소리로 말해 보세요.

샤오팅 너 지금 전화 받을 수 있어?	你现在 接 吗? Nǐ xiànzài jiē ma?
동건 지금은 안 돼. 수업 중이야.	现在不能，我在 。 Xiànzài bù néng, wǒ zài
샤오팅 너는 언제 수업이 끝나?	你 下课? Nǐ xiàkè?
동건 나는 9시 반에 수업이 끝나.	我九点半 。 Wǒ jiǔ diǎn bàn
수업이 끝난 후에 내가 너에게 전화할게.	下课后我 打电话吧。 Xiàkè hòu wǒ dǎ diànhuà ba.

02 스피킹 도전! 다음 질문에 대답해 보세요.

❶ A 东建现在能接电话吗?

    Dōngjiàn xiànzài néng jiē diànhuà ma?

   B _____ 。

❷ A 东建在干什么呢?

    Dōngjiàn zài gàn shénme ne?

   B _____ 。

❸ A 你在做什么呢?

    Nǐ zài zuò shénme ne?

   B _____ 。

참고 단어

*工作 gōngzuò 통 일하다
*休息 xiūxi 통 쉬다
*学习汉语 xuéxí Hànyǔ
중국어를 공부하다

1 동작의 진행을 나타내는 在

동사 앞에 在를 써서 동작이 진행되고 있음을 나타낸다. 종종 문장 끝에 呢를 함께 쓴다. 在 대신에 正(zhèng 마침)이나 正在(zhèngzài ~하고 있는 중이다)를 쓸 수 있다.

A 你在干什么(呢)? 너는 뭐 하고 있니?
　　Nǐ zài gàn shénme (ne)?

B 我正在看电视(呢)。 나는 텔레비전을 보고 있어.
　　Wǒ zhèngzài kàn diànshì (ne).

他正吃饭呢。 그는 밥을 먹고 있다.
Tā zhèng chī fàn ne.

부정형은 在 앞에 부정부사 没(有)를 쓴다.

他没在玩儿手机。 그는 핸드폰을 하고 있지 않다.
Tā méi zài wánr shǒujī.

> **Tip**
> • 正은 단독으로 동사 앞에 쓸 수 없으므로, 문장 끝에 呢를 생략할 수 없어요.
> • 문장 끝에 呢만 써서 동작의 진행을 나타낼 수 있어요.

체크 체크 제시된 단어를 사용하여 다양한 진행형 문장을 만드세요.

❶ 做饭　　→ _____　　❷ 听音乐　→ _____

　　　　　　→ _____　　　　　　　→ _____

　　　　　　→ _____　　　　　　　→ _____

2 조동사 能

조동사 能은 동사 앞에 쓰여 '(여건이나 환경이 되어) ~할 수 있다'라는 뜻을 나타낸다.

긍정문 我能喝三瓶啤酒。 나는 맥주 세 병을 마실 수 있다.
Wǒ néng hē sān píng píjiǔ.

부정문 他明天不能来。 그는 내일 올 수 없다.
Tā míngtiān bù néng lái.

의문문   你能吃香菜吗? 너는 고수를 먹을 수 있니?
Nǐ néng chī xiāngcài ma?

你能不能做晚饭? 너는 저녁을 할 수 있니?
Nǐ néng bù néng zuò wǎnfàn?

체크 체크   제시된 단어를 배열하여 문장을 완성하세요.

❶ 我 / 不 / 去 / 你家 / 能   →   _____

나는 너희 집에 갈 수 없어.

❷ 帮 / 不能 / 能 / 我 / 你   →   _____

너는 나를 도와줄 수 있어?

3 개사 给

❶ 개사 给는 「给+대상」의 형식으로 동사 술어 앞에 위치하여 '~에게'라는 뜻을 나타낸다.

我给朋友打电话。 나는 친구에게 전화를 한다.
Wǒ gěi péngyou dǎ diànhuà.

姐姐给我买衣服。 언니(누나)가 나에게 옷을 사준다.
Jiějie gěi wǒ mǎi yīfu.

❷ 동사 给는 '주다'라는 뜻을 나타낸다. 주로 「给+대상+(사물)」의 형식으로 쓰인다.

姐姐给我一本书。 언니(누나)는 나에게 책 한 권을 준다.
Jiějie gěi wǒ yì běn shū.

爸爸给我十块钱。 아빠가 나에게 10위안을 주신다.
Bàba gěi wǒ shí kuài qián.

체크 체크   제시된 문장에 쓰인 给의 뜻을 써보세요.

❶ 朋友给我照相。   (   )   ❷ 他给我一个面包。 (   )

❸ 我给妈妈买蛋糕。(   )   ❹ 奶奶给弟弟做饭。 (   )

New 단어   啤酒 píjiǔ 몡 맥주 | 香菜 xiāngcài 몡 고수[식물] | 帮 bāng 동 돕다

练习

track 11-6

1 발음 연습 · 녹음을 듣고 빈칸에 알맞은 병음을 써보세요.

❶ Nín shì nǎ _____?

❷ Nǐ shénme sh_____ h_____ lái?

❸ Tā zài _____ ne.

❹ Nín yí_____ zài _____ diànhuà ba.

track 11-7

2 문장 듣기 · 녹음을 듣고 내용과 일치하는 사진을 고르세요.

A

B

C

D

❶ _____ ❷ _____

❸ _____ ❹ _____

3 도전! 스피킹 · 그림을 보고 대화를 완성해 보세요.

❶

A 你在干什么呢?
 Nǐ zài gàn shénme ne?

B _____ 。

❷

A 你能接电话吗?
 Nǐ néng jiē diànhuà ma?

B _____ 。

4 쓰기 내공 쌓기 · 주어진 단어를 활용하여 다음 문장을 중국어로 써보세요.

❶ 그는 영화를 보고 있어. (在⋯呢)

→ _____

❷ 내가 그에게 전화할게. (给)

→ _____

❸ 너는 올 수 있어? (能)

→ _____

문화 PLUS⁺

중국의 인터넷 용어에 대해 알아봐요.

중국어로 '인터넷'은 因特网(yīntèwǎng)이라고 해요. '네트워크', '웹'의 뜻인 网络(wǎngluò)라는 단어도 '인터넷'이라는 뜻으로 많이 쓰여요. '인터넷을 하다'는 上网(shàngwǎng)이라고 하고, 'PC방'은 网吧(wǎngbā)라고 하죠.

중국의 대표적인 포털 사이트 百度(Bǎidù)는 중국인들이 가장 많이 사용하는 검색 사이트예요. 우리가 궁금한 게 있으면 보통 '네이버에게 물어봐!'라고 하는 것처럼, 중국에서는 百度一下(Bǎidù yíxià, 바이두 해봐)라고 하죠. 중국에서는 중국판 트위터인 微博(Wēibó), 우리나라의 카카오톡과 비슷한 微信(Wēixìn) 등이 많이 사용되고 있어요.

百度 Bǎidù　　　微博 Wēibó　　　微信 Wēixìn

중국의 인터넷 용어는 여러 가지 방식으로 만들어졌는데, 그중 숫자를 사용한 용어는 중국어 초보자도 쉽게 이해할 수 있어요.

- 168 yī liù bā ⋯ 一路发 yí lù fā 늘 대박 나길
- 2333 èr sān sān sān ⋯ 啊哈哈哈 ā hā hā hā 아하하하
- 39 sān jiǔ ⋯ 谢谢 xièxie 고마워(thank you)
- 520 wǔ èr líng ⋯ 我爱你 wǒ ài nǐ 사랑해
- 526 wǔ èr liù ⋯ 我饿了 wǒ è le 나 배고파
- 666 liù liù liù ⋯ 溜溜溜 liū liū liū 대단해
- 885 bā bā wǔ ⋯ 帮帮我 bāngbang wǒ 나 좀 도와줘
- 886 bā bā liù ⋯ 拜拜了 báibái le 안녕, 잘 가
- 9494 jiǔ sì jiǔ sì ⋯ 就是就是 jiùshì jiùshì 바로 그거야

chapter 12

你会弹吉他吗?

Nǐ huì tán jítā ma?

당신은 기타를 칠 줄 알아요?

Dialogue

1. 취미 말하기(2)
2. 계획 말하기(2)

Grammar

1. 조동사 会
2. 조동사 要
3. 조동사 可以

Culture

중국의 외래어 표기법에 대해 알아봐요.

主要句子 Key Expressions

■ 주요 문장을 따라 읽으며 중국어의 뼈대를 다지세요.

01 '～할 줄 아니' 표현을 말할 때

你会 弹吉他 吗?　Nǐ huì tán jítā ma?
당신은 기타를 칠 줄 알아요?

开车　운전하다
kāichē

唱歌　노래를 부르다
chànggē

02 의지를 말할 때

我要 去滑雪 。　Wǒ yào qù huáxuě.
나는 스키 타러 갈 거예요.

休息　쉬다
xiūxi

睡觉　자다
shuìjiào

03 가능성을 말할 때

我可以 教你 。　Wǒ kěyǐ jiāo nǐ.
나는 당신에게 가르쳐 줄 수 있어요.

等你　너를 기다리다
děng nǐ

给你买　너에게 사주다
gěi nǐ mǎi

生词 words

■ 새로 나온 단어를 따라 읽으며 익혀 보세요.

会话 1

□□	爱好	àihào	몡 취미
□□	滑雪	huáxuě	몡 스키 동 스키를 타다
□□	弹	tán	동 (악기를) 치다, 연주하다
□□	吉他	jítā	몡 기타(guitar)
□□	会	huì	조동 ~할 줄 알다

会话 2

□□	下周	xià zhōu	다음 주
□□	要	yào	조동 ~하려고 하다, ~할 것이다
□□	可是	kěshì	접 그러나, 하지만
□□	可以	kěyǐ	조동 ~할 수 있다, ~해도 되다
□□	教	jiāo	동 가르치다

 발음 트레이닝

잰말 놀이(2)

Sān yuè sān,	三月三，
Xiǎosān qù dēngshān.	小三去登山。
Dēngle sān cì shān,	登了三次山，
pǎole sān lǐ sān.	跑了三里三。

track 12-4

샤오팅이 동건에게 취미를 물어봐요.

小婷
Xiǎotíng
你的爱好是什么？❶
Nǐ de àihào shì shénme?

东建
Dōngjiàn
我喜欢滑雪。你呢？
Wǒ xǐhuan huáxuě. Nǐ ne?

小婷
Xiǎotíng
我的爱好是弹吉他。
Wǒ de àihào shì tán jítā.

你会弹吉他吗？
Nǐ huì tán jítā ma?

东建
Dōngjiàn
我不会弹吉他。
Wǒ bú huì tán jítā.

说一说 **1** Speaking 1

스피킹 준비! 우리말을 보고 빈칸을 채운 후 큰 소리로 말해 보세요.

샤오팅 너의 취미는 뭐야?

你的 ⌒ 是什么?
Nǐ de　shì shénme?

동건 나는 스키를 좋아해. 너는?

我 ⌒ 滑雪。你呢?
Wǒ　huáxuě.　Nǐ ne?

샤오팅 내 취미는 기타 연주야.

⌒ 是弹吉他。
　shì tán jítā.

너는 기타를 칠 줄 알아?

你 ⌒ 吗?
Nǐ　ma?

동건 나는 기타를 칠 줄 몰라.

我 ⌒ 弹吉他。
Wǒ　tán jítā.

 중국 엿보기

중국에서는 공원에서 춤을?

중국 어디를 가든 공원이 참 많죠. 공원에서는 산책을 하거나 가벼운 운동을 하기도 하지만 광장춤(广场舞 guǎngchǎngwǔ)을 즐기는 사람도 많아요. 우리가 보기에는 신기하지만 남녀노소에 상관 없이 어울려 춤을 추는데, 주로 중노년층의 여성들에게 인기가 많아요. 공원말고도 아파트 단지나 광장처럼 넓은 공간에서 단체로 춤추기도 해요.

会话 2 Dialogue 2

track 12-5

＃동건이는 다음 주에 스키를 타러 가요.

东建 我下周要去滑雪。
Dōngjiàn　Wǒ xià zhōu yào qù huáxuě.

你想一起去吗？
Nǐ xiǎng yìqǐ qù ma?

小婷 想，可是❷我不会滑雪。
Xiǎotíng　Xiǎng, kěshì wǒ bú huì huáxuě.

东建 我可以教你。
Dōngjiàn　Wǒ kěyǐ jiāo nǐ.

小婷 太好了，谢谢你！
Xiǎotíng　Tài hǎo le, xièxie nǐ!

스피킹 표현 Tip

❷ 可是는 전환 관계를 나타내는 접속사예요. 유사 표현으로 但是(dànshì)와 不过(búguò)가 있어요.

说一说 2 Speaking 2

01 스피킹 준비! 우리말을 보고 빈칸을 채운 후 큰 소리로 말해 보세요.

동건 나는 다음 주에 스키 타러 갈 거야.

我下周要去 ⬚ 。
Wǒ xià zhōu yào qù

너는 같이 가고 싶어?

你想 ⬚ 吗?
Nǐ xiǎng ma?

샤오팅 가고 싶은데, 나는 스키를 탈 줄 몰라.

想, ⬚ 我不会滑雪。
Xiǎng, wǒ bú huì huáxuě.

동건 내가 너에게 가르쳐 줄 수 있어.

我可以 ⬚ 。
Wǒ kěyǐ

샤오팅 잘 됐네, 고마워!

太好了, ⬚ 你!
Tài hǎo le, nǐ!

02 스피킹 도전! 다음 질문에 대답해 보세요.

❶ A 东建下周要干什么?
Dōngjiàn xià zhōu yào gàn shénme?

B _____ 。

❷ A 小婷会滑雪吗?
Xiǎotíng huì huáxuě ma?

B _____ 。

❸ A 你的爱好是什么?
Nǐ de àihào shì shénme?

B _____ 。

참고
단어

*游泳 yóuyǒng 동 수영하다
*唱歌 chànggē 동 노래를 부르다
*做菜 zuò cài 요리하다

语法

1 조동사 会

会는 동사 앞에 쓰여 '(학습 후에 능력을 갖추게 되어) ~할 줄 알다'라는 뜻을 나타낸다.

긍정문 我会说汉语。 나는 중국어를 할 줄 안다.
Wǒ huì shuō Hànyǔ.

부정문 我不会游泳。 나는 수영할 줄 모른다.
Wǒ bú huì yóuyǒng.

의문문 你会写汉字吗? 너는 한자를 쓸 줄 알아?
Nǐ huì xiě Hànzì ma?

你会不会跳舞? 너는 춤출 줄 알아 몰라?
Nǐ huì bu huì tiàowǔ?

2 조동사 要

要는 동사 앞에 쓰여 '~하려고 하다', '~할 것이다'의 뜻을 나타낸다. 要는 想보다 하려고 하는 의지가 더 강함을 나타낸다. 조동사 要의 부정형은 不想이다.

긍정문 我要去运动。 나는 운동하러 갈 거다.
Wǒ yào qù yùndòng.

부정문 我不想学习。 나는 공부하고 싶지 않다.
Wǒ bù xiǎng xuéxí.

> **Tip** 不要는 '~하지 마라'라는 뜻으로 금지를 나타내요.

의문문 你要喝咖啡吗? 너 커피 마실 거야?
Nǐ yào hē kāfēi ma?

你要不要买衣服? 너는 옷을 살 거니 안 살 거니?
Nǐ yào bu yào mǎi yīfu?

체크 체크 제시된 단어를 배열하여 문장을 완성하세요.

❶ 去 / 不 / 我 / 北京 / 想 → _____

나는 베이징에 가고 싶지 않다.

❷ 给老师 / 电话 / 我要 / 打 → _____

나는 선생님에게 전화하려고 한다.

3 조동사 可以

❶ 可以는 '~할 수 있다'라는 뜻으로 동작의 가능성을 나타낸다. 이때 부정형은 不能이다.

긍정문
我可以吃两碗。 나는 두 그릇을 먹을 수 있다.
Wǒ kěyǐ chī liǎng wǎn.

부정문
他现在不能休息。 그는 지금 쉴 수 없다.
Tā xiànzài bù néng xiūxi.

의문문
你可以教我吗? 너는 나한테 가르쳐 줄 수 있니?
Nǐ kěyǐ jiāo wǒ ma?

你可(以)不可以教我? 너는 나한테 가르쳐 줄 수 있니 없니?
Nǐ kě(yǐ) bu kěyǐ jiāo wǒ?

❷ 可以는 '~해도 되다', '~해도 좋다'라는 뜻으로 허락을 나타내기도 한다. 이때 부정형은 不能이다.

A 我可以在这儿抽烟吗? 여기에서 담배를 피워도 되나요?
Wǒ kěyǐ zài zhèr chōuyān ma?

B 不能/不行。 안 돼요.
Bù néng/Bùxíng.

> **Tip** 不可以는 강한 금지의 뜻을 나타낼 때 쓰여요.

 체크 체크 다음 〈보기〉 중 빈칸에 들어갈 알맞은 단어를 고르세요.

〔보기〕 可以　要　会

❶ 他现在_____接电话。　그는 지금 전화를 받을 수 있다.

❷ 你_____不_____游泳?　너는 수영할 줄 알아 몰라?

❸ 我明年_____去中国。　나는 내년에 중국에 가려고 한다.

New 단어 游泳 yóuyǒng 图 수영하다 | 写 xiě 图 쓰다 | 汉字 Hànzì 图 한자 | 跳舞 tiàowǔ 图 춤추다 | 运动 yùndòng 图 운동하다 | 碗 wǎn 图 그릇, 공기 | 抽烟 chōuyān 图 담배를 피우다 | 不行 bùxíng 안 되다

练习

track 12-6

1 발음 연습 · 녹음을 듣고 빈칸에 알맞은 병음을 써보세요.

❶ Wǒ bú _____ tán jí_____.

❷ Wǒ k_____ y_____ jiāo nǐ.

❸ Wǒ xǐhuan huá_____.

❹ Nǐ de _____ shì shénme?

track 12-7

2 문장 듣기 · 녹음을 듣고 내용과 일치하는 사진을 고르세요.

A

B

C

D

❶ _____

❷ _____

❸ _____

❹ _____

3 도전! 스피킹 · 그림을 보고 대화를 완성해 보세요.

❶

A 你的爱好是什么?
　Nǐ de àihào shì shénme?

B _____ 。

❷

A 他会不会踢足球?
　Tā huì bu huì tī zúqiú?

B _____ 。

4 쓰기 내공 쌓기 · 주어진 단어를 활용하여 다음 문장을 중국어로 써보세요.

❶ 너는 중국어를 할 줄 아니? (会)

➡ _____

❷ 나는 내년에 중국에 갈 거야. (要)

➡ _____

❸ 나는 너에게 가르쳐 줄 수 있어. (可以)

➡ _____

New 단어 踢 tī 통 (발로) 차다 | 足球 zúqiú 명 축구

문화 PLUS⁺

중국의 외래어 표기법에 대해 알아봐요.

중국어로 외래어를 읽다 보면 간혹 재미있는 발음을 발견하게 되죠. 또 글자를 유심히 들여다 보면 의미까지 결합하여 아주 재치 있게 만든 단어들을 만나게 되기도 해요. 중국의 외래어 표기법은 원칙에 따라 다음의 네 가지로 구분할 수 있어요.

❶ 의역을 한 경우에는 중국어만 보면 외래어의 느낌이 없어요.

- 电脑 diànnǎo 컴퓨터
- 蜜月 mìyuè 허니문
- 热狗 règǒu 핫도그
- 软件 ruǎnjiàn 소프트웨어

❷ 한자의 음으로 외래어를 표기한 경우에는 몇 번 읽다 보면 외래어의 느낌이 느껴져요.

- 纽约 Niǔyuē 뉴욕
- 吉他 jítā 기타
- 麦当劳 Màidāngláo 맥도날드
- 三明治 sānmíngzhì 샌드위치

❸ 외래어의 음과 한자의 의미를 동시에 고려한 경우에는 재미있고 기발한 단어가 많아요.

- 可口可乐 Kěkǒukělè 코카콜라 … 입에 맞고 입이 즐겁다
- 奔驰 Bēnchí 벤츠 … 빠르게 질주한다

❹ 한 단어에서 일부 글자는 외래어의 음을, 일부 글자는 뜻을 나타내는 경우도 있어요.

- 因特网 yīntèwǎng 인터넷 … '인터넷'의 因特+'망'의 뜻인 网
- 迷你裙 mínǐqún 미니스커트 … '미니'의 迷你+'치마'의 뜻인 裙

电脑 diànnǎo

麦当劳 Màidāngláo

吉他 jítā

可口可乐 Kěkǒukělè

复习

fùxí

chapter 07-12의
주요 학습 내용 체크

주제별 **단어**

1 날짜

- 年 nián 해, 년
- 去年 qùnián 작년
- 昨天 zuótiān 어제
- 星期 xīngqī 요일, 주
- 月 yuè 월
- 今年 jīnnián 올해
- 今天 jīntiān 오늘
- 周末 zhōumò 주말
- 号 hào 일
- 明年 míngnián 내년
- 明天 míngtiān 내일
- 下周 xià zhōu 다음 주

2 방위사

- 上边 shàngbian 위쪽
- 后边 hòubian 뒤쪽
- 里边 lǐbian 안쪽
- 旁边 pángbiān 옆쪽
- 下边 xiàbian 아래쪽
- 左边 zuǒbian 왼쪽
- 外边 wàibian 바깥쪽
- 中间 zhōngjiān 가운데
- 前边 qiánbian 앞쪽
- 右边 yòubian 오른쪽
- 对面 duìmiàn 맞은편

3 사람

- 家人 jiārén 가족
- 同学 tóngxué 학우, 학교 친구
- 同事 tóngshì 동료
- 服务员 fúwùyuán 종업원
- 男朋友 nánpéngyou 남자 친구

4 음식

- 苹果 píngguǒ 사과
- 西瓜 xīguā 수박
- 炒饭 chǎofàn 볶음밥
- 橘子 júzi 귤
- 蛋糕 dàngāo 케이크
- 晚饭 wǎnfàn 저녁밥
- 果汁 guǒzhī 과일 주스
- 饭 fàn 밥
- 香菜 xiāngcài 고수

5 장소

- 餐厅 cāntīng 식당, 레스토랑
- 地铁站 dìtiězhàn 지하철역
- 饭馆儿 fànguǎnr 식당
- 游乐场 yóulèchǎng 놀이공원
- 网吧 wǎngbā PC방
- 电影院 diànyǐngyuàn 영화관

6 일과

- ☐ 吃饭 chī fàn 밥을 먹다
- ☐ 睡觉 shuìjiào 자다
- ☐ 下班 xiàbān 퇴근하다
- ☐ 工作 gōngzuò 일하다
- ☐ 起床 qǐchuáng 기상하다
- ☐ 上课 shàngkè 수업하다
- ☐ 休息 xiūxi 쉬다
- ☐ 上班 shàngbān 출근하다
- ☐ 下课 xiàkè 수업을 마치다

7 여가&취미

- ☐ 爱好 àihào 취미
- ☐ 滑雪 huáxuě 스키를 타다
- ☐ 唱歌 chànggē 노래를 부르다
- ☐ 运动 yùndòng 운동하다
- ☐ 玩儿 wánr 놀다
- ☐ 弹吉他 tán jítā 기타를 치다
- ☐ 做菜 zuò cài 요리하다
- ☐ 踢足球 tī zúqiú 축구하다
- ☐ 旅行 lǚxíng 여행하다
- ☐ 游泳 yóuyǒng 수영하다
- ☐ 跳舞 tiàowǔ 춤추다

8 양사

- ☐ 个 gè 개, 명
- ☐ 位 wèi 분, 명[존칭어]
- ☐ 杯 bēi 잔, 컵
- ☐ 件 jiàn 벌
- ☐ 块 kuài 위안
- ☐ 本 běn 권
- ☐ 瓶 píng 병
- ☐ 点 diǎn 시[시각]
- ☐ 斤 jīn 근
- ☐ 只 zhī 마리
- ☐ 碗 wǎn 그릇
- ☐ 分钟 fēnzhōng 분[시간]

9 형용사

- ☐ 大 dà 크다
- ☐ 快乐 kuàilè 즐겁다
- ☐ 漂亮 piàoliang 예쁘다
- ☐ 小 xiǎo 작다
- ☐ 开心 kāixīn 기쁘다
- ☐ 好喝 hǎohē
  (음료수 따위가) 맛있다

10 동사

- ☐ 学习 xuéxí 공부하다
- ☐ 到 dào 도착하다
- ☐ 接 jiē (전화를) 받다
- ☐ 帮 bāng 돕다
- ☐ 学 xué 공부하다, 배우다
- ☐ 干 gàn 하다
- ☐ 打 dǎ (전화를) 걸다
- ☐ 教 jiāo 가르치다
- ☐ 等 děng 기다리다
- ☐ 点 diǎn 주문하다
- ☐ 过 guò 보내다, 지내다

핵심 어법

1 연동문

弟弟来我家吃晚饭。 남동생이 우리 집에 와서 저녁밥을 먹는다.
Dìdi lái wǒ jiā chī wǎnfàn.

爸爸不坐地铁上班。 아빠는 지하철을 타고 출근하지 않는다.
Bàba bú zuò dìtiě shàngbān.

2 조동사(1) 想, 要

	뜻	긍정문	부정문
想 xiǎng	~하고 싶다	我想去北京。 Wǒ xiǎng qù Běijīng. 나는 베이징에 가고 싶다.	我不想去北京。 Wǒ bù xiǎng qù Běijīng. 나는 베이징에 가고 싶지 않다.
要 yào	~하려고 하다, ~할 것이다	我要去运动。 Wǒ yào qù yùndòng. 나는 운동하러 갈 거다.	我不想去运动。 Wǒ bù xiǎng qù yùndòng. 나는 운동하러 가고 싶지 않다.

*要는 想보다 하려고 하는 의지가 더 강함

3 조동사(2) 会, 能, 可以

	뜻	긍정문	부정문
会 huì	(학습 후에 능력을 갖추게 되어) ~할 줄 알다	我会说汉语。 Wǒ huì shuō Hànyǔ. 나는 중국어를 할 줄 안다.	我不会游泳。 Wǒ bú huì yóuyǒng. 나는 수영할 줄 모른다.
能 néng	(여건이나 환경이 되어) ~할 수 있다	我能喝三瓶啤酒。 Wǒ néng hē sān píng píjiǔ. 나는 맥주 세 병을 마실 수 있다.	他明天不能来。 Tā míngtiān bù néng lái. 그는 내일 올 수 없다.
可以 kěyǐ	~할 수 있다	我可以吃两碗。 Wǒ kěyǐ chī liǎng wǎn. 나는 두 그릇을 먹을 수 있다.	他现在不能休息。 Tā xiànzài bù néng xiūxi. 그는 지금 쉴 수 없다.
	~해도 되다	你可以抽烟。 Nǐ kěyǐ chōuyān. 당신은 담배를 피워도 된다.	你不能抽烟。 Nǐ bù néng chōuyān. 당신은 담배를 피워서는 안 된다.

4 개사 给와 在

개사는 「개사+명사」의 형식으로 동사 술어 앞에 위치한다.

❶ 개사 给 + 대상: ~에게

我给朋友打电话。 나는 친구에게 전화를 한다.
Wǒ gěi péngyou dǎ diànhuà.

❷ 개사 在 + 장소: ~에서

我在咖啡厅学习。 나는 카페에서 공부한다.
Wǒ zài kāfēitīng xuéxí.

5 경험을 나타내는 过

我看过中国电影。 나는 중국 영화를 본 적이 있다.
Wǒ kànguo Zhōngguó diànyǐng.

我没吃过中国菜。 나는 중국 음식을 먹어 본 적이 없다.
Wǒ méi chīguo Zhōngguó cài.

6 동작의 진행

동사 앞에 在, 正在, 正을 써서 동작이 진행되고 있음을 나타낸다. 종종 문장 끝에 呢를 함께 쓴다.

A 你在干什么(呢)? 너는 뭐 하고 있니?
Nǐ zài gàn shénme (ne)?

B 我正在看电视(呢)。 나는 텔레비전을 보고 있어.
Wǒ zhèngzài kàn diànshì (ne).

他正吃饭呢。 그는 밥을 먹고 있다.
Tā zhèng chī fàn ne.

他没在玩儿手机。 그는 핸드폰을 하고 있지 않다.
Tā méi zài wánr shǒujī.

스피킹 표현

01 가격 말하기

A 这个果汁多少钱?
Zhège guǒzhī duōshao qián?

B 一杯十二块钱。
Yì bēi shí'èr kuài qián.

A 이 과일 주스는 얼마예요?

B 한 잔에 12위안이에요.

02 날짜 말하기

A 你的生日(是)几月几号?
Nǐ de shēngrì (shì) jǐ yuè jǐ hào?

B 十月十四号。
Shí yuè shísì hào.

A 당신의 생일은 몇 월 며칠이에요?

B 10월 14일이에요.

03 요일 말하기

A 今天(是)星期几?
Jīntiān (shì) xīngqī jǐ?

B 星期六。
Xīngqīliù.

A 오늘은 무슨 요일이에요?

B 토요일이에요.

04 시간 말하기

A 你几点下班?
Nǐ jǐ diǎn xiàbān?

B 我七点下班。
Wǒ qī diǎn xiàbān.

A 당신은 몇 시에 퇴근해요?

B 나는 7시에 퇴근해요.

05 장소 말하기

A 你们在哪儿?
Nǐmen zài nǎr?

B 我们在餐厅里边。
Wǒmen zài cāntīng lǐbian.

A 당신들은 어디에 있어요?

B 우리는 식당 안에 있어요.

06 계획 말하기

A 周末你想干什么?
Zhōumò nǐ xiǎng gàn shénme?

A 주말에 당신은 뭐 하고 싶어요?

B 我想去玩儿。
Wǒ xiǎng qù wánr.

B 나는 놀러 가고 싶어요.

07 경험 말하기

A 你去过游乐场吗?
Nǐ qùguo yóulèchǎng ma?

A 당신은 놀이공원에 가봤어요?

B 我还没去过。
Wǒ hái méi qùguo.

B 나는 아직 가본 적 없어요.

08 전화하기

A 喂，我找东建，他在吗?
Wéi, wǒ zhǎo Dōngjiàn, tā zài ma?

A 여보세요. 저는 동건 씨를 찾는데,
자리에 있나요?

B 他在开会呢。
Tā zài kāihuì ne.

B 그는 회의 중이에요.

09 가능성 묻기

A 你现在能接电话吗?
Nǐ xiànzài néng jiē diànhuà ma?

A 당신은 지금 전화 받을 수 있어요?

B 现在不能，我在上课呢。
Xiànzài bù néng, wǒ zài shàngkè ne.

B 지금은 안 돼요. 수업 중이에요.

10 취미 말하기

A 你的爱好是什么?
Nǐ de àihào shì shénme?

A 당신의 취미는 뭐예요?

B 我喜欢滑雪。
Wǒ xǐhuan huáxuě.

B 나는 스키를 좋아해요.

실력 테스트

1 단어 듣기 · 녹음을 듣고 〈보기〉에서 알맞은 단어를 고른 후 병음과 뜻을 써보세요. track 12-8

보기	A 餐厅	B 块	C 快乐	D 上班	E 杯
	F 里边	G 果汁	H 号	I 苹果	J 学习

	단어	병음	뜻
예	A 餐厅	cāntīng	식당, 레스토랑
❶			
❷			
❸			
❹			
❺			

2 문장 듣기 · 녹음을 듣고 내용과 일치하는지 ○, ×로 표시해 보세요. track 12-9

❶ 哥哥喜欢滑雪。 （　　　）

❷ 爷爷在看电视呢。 （　　　）

❸ 我现在可以接电话。 （　　　）

❹ 妈妈五点三十分下班。 （　　　）

❺ 我要跟同学一起过生日。 （　　　）

3 어법 · 다음 〈보기〉 중 빈칸에 들어갈 알맞은 단어를 고르세요.

〈보기〉 想　只　开心　教　还

❶ 今天跟朋友们一起玩儿，我很_____。

❷ 明年他_____去北京旅行，现在正学汉语呢。

❸ 我家有两_____小狗，它们都很可爱。

❹ 我不会游泳，你可不可以_____我?

❺ A 你去过这家餐厅吗?

　　B 我_____没去过，咱们今天去吧。

4 독해 · 서로 어울리는 대화끼리 연결하세요.

❶ 咖啡多少钱一杯? ·　　　　　· A 东建，我是他同事。

❷ 你几点下课? ·　　　　　　　· B 周末一起去，怎么样?

❸ 我没去过游乐场。 ·　　　　　· C 在餐厅里边。

❹ 您找哪位? ·　　　　　　　　· D 一杯二十五。

❺ 喂，你们在哪里? ·　　　　　· E 四点半。

New 단어 可爱 kě'ài 형 귀엽다 | 家 jiā 양 가게·가정·기업 등을 세는 단위

5 문장 말하기 · 사진을 보고 대화를 완성하세요.

❶

A 他们在干什么呢?

B _____。

❷

A _____?

B 我的爱好是弹吉他。

6 도전! 스피킹 · 다음 질문의 대답을 생각하여 생일 계획을 세워 보세요.

❶ 你的生日是几月几号?　❷ 你想跟谁一起过生日?

❸ 你的爱好是什么?　❹ 你想去哪儿过生日? 在那儿做什么?

我的生日是_____,

Wǒ de shēngrì shì _____,

我想跟_____一起过生日。

wǒ xiǎng gēn _____ yìqǐ guò shēngrì.

我喜欢_____,

Wǒ xǐhuan _____,

生日那天，我想去_____。

shēngrì nà tiān, wǒ xiǎng qù _____.

부록

정답 및 해석
찾아보기

정답 및 해석

warming up

연습문제 정답 ➜ 26~27쪽

1
① wǒ ② gē ③ hǎo
④ shì ⑤ qù ⑥ xué
⑦ kāfēi ⑧ Hánguó ⑨ yéye
⑩ jiějie ⑪ dìdi ⑫ péngyou

2
① dù ② tiě ③ nǚ
④ huǒ ⑤ xiāng ⑥ shāng
⑦ píqiú ⑧ jiārén ⑨ chāoshì
⑩ yīfu

3
① lái ② wén ③ kuā
④ nín ⑤ huí ⑥ guō
⑦ jiādiàn ⑧ qúnzi ⑨ lǚxíng
⑩ hóngsè

4
① xīngqī ② Hànyǔ ③ lǎoshī
④ zàijiàn ⑤ yuánxíng ⑥ yìdiǎn
⑦ yǒuhǎo ⑧ míngzi ⑨ tiānkōng

01 你好!
안녕하세요!

主要句子 해석 ➜ 32쪽

1 안녕하세요!
얘들아, 안녕!
선생님, 안녕하세요!
여러분, 안녕하세요!

2 당신은 바빠요?
당신은 피곤해요?
당신은 배고파요?
당신은 목말라요?

会话1 해석 ➜ 34쪽

동건 안녕, 샤오팅!
샤오팅 동건, 안녕!
동건 고마워!
샤오팅 천만에!

说一说1 정답 ➜ 35쪽

동건 Nǐ hǎo, Xiǎotíng!
샤오팅 Dōngjiàn, nǐ hǎo!
동건 Xièxie!
샤오팅 Bú kèqi!

会话2 해석 ➜ 36쪽

동건 너는 바쁘니?
수정 나는 바빠. 너는?
동건 나도 바빠.

说一说2 정답 ➜ 37쪽

1 동건 Nǐ máng ma?
수정 Wǒ hěn máng. Nǐ ne?
동건 Wǒ yě hěn máng.

2 참고 답안

① 他很忙。
② 她很忙。
③ 我不忙。

语法 정답 ➔ 38~39쪽

1 ① wǒ ② 您
③ 她 / tā ④ nǐmen / 너희들

2 ① 他不忙。
② 你饿吗?
③ 我们很渴。

练习 정답 ➔ 40~41쪽

1 ① nǐ ② hǎo ③ hěn
④ nín ⑤ máng ⑥ kè

2 ① ○ ② ○ ③ ✕ ④ ✕

녹음 원문
① 谢谢! ② 你们好!
③ 她很饿。 ④ 他不忙。

3 ① 你们好! 또는 大家好!
② 你饿吗?

4 ① 중국어 你好! 병음 Nǐ hǎo!
② 중국어 你忙吗? 병음 Nǐ máng ma?
③ 중국어 谢谢! 병음 Xièxie!

他是谁?
그는 누구예요?

主要句子 해석 ➔ 44쪽

1 이것은 과자예요.
이것은 책이에요.
이것은 우유예요.
이것은 옷이에요.

2 나는 한국인이에요.
나는 미국인이에요.
나는 중국인이에요.
나는 일본인이에요.

会话1 해석 ➔ 46쪽

동건 이건 뭐야?
샤오팅 이건 중국 과자야.
동건 맛있어?
샤오팅 맛있어, 너도 먹어 봐.

说一说1 정답 ➔ 47쪽

동건 Zhè shì shénme?
샤오팅 Zhè shì Zhōngguó bǐnggān.
동건 Hǎochī ma?
샤오팅 Hěn hǎochī, nǐ yě chī ba.

会话2 해석 ➔ 48쪽

샤오팅 그는 누구야?
동건 그는 내 친구야.
샤오팅 그는 어느 나라 사람이야?
동건 그는 미국인이야.

说一说2 정답 ➔ 49쪽

1 샤오팅 Tā shì shéi?
동건 Tā shì wǒ de péngyou.
샤오팅 Tā shì nǎ guó rén?
동건 Tā shì Měiguórén.

2 참고 답안
① 他是东建(的)朋友。
② 我是韩国人。
③ 他是英国人。 또는 她是加拿大人。

语法 정답 ➡ 50~51쪽

1 ① 他们是学生。 / 他们不是学生。
② 我是韩国人。 / 我不是韩国人。

3 ① 谁   ② 哪

4 ① 吧   ② 呢   ③ 吗

练习 정답 ➡ 52~53쪽

1 ① shì   ② chī   ③ zhè
④ shénme   ⑤ péngyou   ⑥ Zhōngguó

2 ① ○   ② ×   ③ ×   ④ ×

녹음 원문
① 这是我的书。
② 她是韩国人。
③ 那是我妈妈。
④ 这是他的衣服。

3 ① 那是面包。   ② 他是谁?

4 ① 중국어 这不是书。
병음 Zhè bú shì shū.

② 중국어 她是谁?
병음 Tā shì shéi?

③ 중국어 我是韩国人。
병음 Wǒ shì Hánguórén.

03 我看电影。
나는 영화를 봐요.

主要句子 해석 ➡ 56쪽

1 나는 영화를 봐요.
나는 텔레비전을 봐요.
나는 중국어 책을 봐요.
나는 사진을 봐요.

2 나는 차 마시는 것을 좋아해요.
나는 음악 듣는 것을 좋아해요.
나는 영화 보는 것을 좋아해요.
나는 중국 음식 먹는 것을 좋아해요.

会话1 해석 ➡ 58쪽

엄마   너는 뭘 보니?
동건   나는 영화를 봐요.
엄마   무슨 영화를 보니?
동건   중국 영화를 보는데, 매우 재미있어요.

说一说1 정답 ➡ 59쪽

엄마   Nǐ kàn shénme?
동건   Wǒ kàn diànyǐng.
엄마   Nǐ kàn shénme diànyǐng?
동건   Wǒ kàn Zhōngguó diànyǐng, hěn yǒu yìsi.

会话2 해석 ➡ 60쪽

동건   너는 뭐 마셔?
샤오팅 나는 차를 마셔.
동건   너는 커피 마시는 거 좋아해?
샤오팅 나는 커피 마시는 거 안 좋아해.

说一说2 정답 ➡ 61쪽

1 동건   Nǐ hē shénme?
샤오팅 Wǒ hē chá.
동건   Nǐ xǐhuan hē kāfēi ma?
샤오팅 Wǒ bù xǐhuan hē kāfēi.

2 참고 답안
① 她喝茶。
② 她不喜欢喝咖啡。
③ 我喜欢喝果汁。

语法 정답 → 62~63쪽

1 ① 爸爸看电影。
② 我不吃饼干。
③ 你去吗?

2 ① C ② B ③ C

3 참고 답안
① 她喜欢看书。
② 我喜欢喝茶。

练习 정답 → 64~65쪽

1 ① chá ② kāfēi ③ xǐhuan
④ diànyǐng ⑤ Hànyǔ ⑥ yǒu yìsi

2 ① × ② ○ ③ ○ ④ ×

녹음 원문
① 我喝牛奶。 ② 他喜欢看书。
③ 我们吃面包吧。 ④ 电影很有意思。

3 ① 我买鞋。
② 你喜欢看电视吗?

4 ① 중국어 你吃什么?
병음 Nǐ chī shénme?

② 중국어 很有意思。
병음 Hěn yǒu yìsi.

③ 중국어 我不喜欢喝咖啡。
병음 Wǒ bù xǐhuan hē kāfēi.

04 他在哪儿?
그는 어디에 있어요?

主要句子 해석 → 68쪽

1 당신은 갈래요 안 갈래요?
당신은 볼래요 안 볼래요?
당신은 들을래요 안 들을래요?
당신은 먹을래요 안 먹을래요?

2 그는 방에 있어요.
그는 집에 있어요.
그는 공항에 있어요.
그는 마트에 있어요.

会话1 해석 → 70쪽

친구 우리 카페에 가는데, 너 갈래 안 갈래?
샤오팅 나는 안 갈래.
친구 너는 어디 가는데?
샤오팅 우체국에 가.

说一说1 정답 → 71쪽

친구 Wǒmen qù kāfēitīng, nǐ qù bu qù?
샤오팅 Wǒ bú qù.
친구 Nǐ qù nǎr?
샤오팅 Wǒ qù yóujú.

会话2 해석 → 72쪽

엄마 상민이 여기 있니?
동건 여기 없어요.
엄마 그는 어디에 있니?
동건 영애 방에 있어요.

说一说2 정답 → 73쪽

1 엄마 Shàngmín zài zhèr ma?
동건 Tā bú zài zhèr.
엄마 Tā zài nǎr?
동건 Tā zài Yīng'ài de fángjiān.

2 참고 답안

① 他不在东建的房间。

② 他在英爱的房间。

③ 他在学校。[또는] 她在医院。

语法 정답 ➔ 74~75쪽

1 ① 你吃不吃中国菜?

② 这是不是你的手机?

2 ① 你弟弟在中国吗?

② 妈妈在朋友家。

③ 他们不在这儿。

3 ① 哪儿　　② 那儿

练习 정답 ➔ 76~77쪽

1 ① zhèr　　② nǎr　　③ zài

④ qù　　⑤ fángjiān　　⑥ yóujú

2 ① ✕　　② ○　　③ ✕　　④ ✕

녹음 원문

① 我去机场。　　② 他去邮局。

③ 这是不是你的书?　　④ 弟弟在学校。

3 ① 她去哪儿?

② 她不在学校。[또는]

她不在学校，她在咖啡厅。

4 ① 중국어 你去哪儿?

병음 Nǐ qù nǎr?

② 중국어 你买不买?

병음 Nǐ mǎi bu mǎi?

③ 중국어 她在咖啡厅。

병음 Tā zài kāfēitīng.

你叫什么名字?

당신의 이름은 무엇인가요?

主要句子 해석 ➔ 80쪽

1 나는 동건이라고 해요.

그녀는 샤오팅이라고 해요.

선생님은 리린이라고 해요.

남동생은 상민이라고 해요.

2 나는 올해 27살이에요.

나는 올해 8살이에요.

나는 올해 19살이에요.

나는 올해 64살이에요.

会话1 해석 ➔ 82쪽

선생님 이름이 뭐예요?

동건 저는 박동건이라고 해요.

선생님, 성씨가 어떻게 되세요?

선생님 이씨예요.

说一说1 정답 ➔ 83쪽

선생님 Nǐ jiào shénme míngzi?

동건 Wǒ jiào Piáo Dōngjiàn.

Lǎoshī, nín guìxìng?

선생님 Wǒ xìng Lǐ.

会话2 해석 ➔ 84쪽

선생님 올해 몇 살이에요?

동건 저는 올해 27살이에요.

선생님 대학생이에요?

동건 아니요, 저는 지금 일해요.

说一说2 정답 ➔ 85쪽

1 선생님 Nǐ jīnnián duō dà?

동건 Wǒ jīnnián èrshíqī suì.

선생님 Nǐ shì dàxuéshēng ma?

동건 Bú shì, wǒ xiànzài gōngzuò.

2 참고 답안

① 他今年二十七岁。
② 他不是大学生。
③ 我今年二十岁。

语法 정답 ➜ 86~87쪽

1 ① 贵　　② 姓　　③ 叫　　④ 叫

2 ① 十四　　　　② 五十六
　　③ 七十　　　　④ 九十二

3 ① 您多大年纪？
　　② 你几岁？
　　③ 你今年多大？

练习 정답 ➜ 88~89쪽

1 ① jiào　　② suì　　③ míngzi
　　④ gōngzuò　⑤ èrshíwǔ　⑥ dàxuéshēng

2 ① ✕　　② ○　　③ ✕　　④ ○

> 녹음 원문
> ① 他三岁。　　② 我的老师姓李。
> ③ 他们是大学生。　④ 他今年六十岁。

3 ① 我今年二十三岁。
　　② 她叫什么名字？

4 ① 중국어 你叫什么名字？
　　　병음 Nǐ jiào shénme míngzi?
　　② 중국어 你今年几岁？
　　　병음 Nǐ jīnnián jǐ suì?
　　③ 중국어 他姓李。
　　　병음 Tā xìng Lǐ.

---

06 你家有几口人？
당신의 가족은 몇 명이에요?

主要句子 해석 ➜ 92쪽

1 우리 가족은 다섯 명이에요.
우리 가족은 두 명이에요.
우리 가족은 세 명이에요.
우리 가족은 여섯 명이에요.

2 나는 은행원이에요.
나는 선생님이에요.
나는 의사예요.
나는 회사원이에요.

会话1 해석 ➜ 94쪽

샤오팅　너희 가족은 몇 명이야?
동건　우리 가족은 다섯 명이야.
샤오팅　모두 어떤 사람이 있어?
동건　아빠, 엄마, 여동생, 남동생 그리고 나.

说一说1 정답 ➜ 95쪽

샤오팅　Nǐ jiā yǒu jǐ kǒu rén?
동건　Wǒ jiā yǒu wǔ kǒu rén.
샤오팅　Dōu yǒu shénme rén?
동건　Bàba、māma、mèimei、dìdi hé wǒ.

会话2 해석 ➜ 96쪽

샤오팅　너희 아빠와 엄마는 건강하셔?
동건　그들은 모두 건강하셔.
샤오팅　너희 아빠는 무슨 일을 하셔?
동건　우리 아빠는 은행원이셔.

说一说2 정답 ➜ 97쪽

1 샤오팅　Nǐ bàba、māma shēntǐ hǎo ma?
동건　Tāmen shēntǐ dōu hěn hǎo.
샤오팅　Nǐ bàba zuò shénme gōngzuò?
동건　Tā shì yínháng zhíyuán.

2 참고 답안

① 他爸爸、妈妈身体都很好。
② 他爸爸是银行职员。
③ 我是公司职员。

语法 정답 ➔ 98~99쪽

1 ① 你有弟弟吗？
② 那儿有汉语书。
③ 他没有时间。

2 ① 你在哪儿工作？
② 你做什么工作？

练习 정답 ➔ 100~101쪽

1 ① hé   ② dōu   ③ dìdi
④ jiějie   ⑤ shēntǐ   ⑥ yínháng

2 ① ○   ② ×   ③ ×   ④ ×

녹음 원문
① 我家有五口人。   ② 她有汉语书。
③ 他是老师。   ④ 奶奶身体很好。

3 ① 他家有四口人。
② 你妹妹做什么工作？

4 ① 중국어 你家有几口人？
병음 Nǐ jiā yǒu jǐ kǒu rén?

② 중국어 你妈妈做什么工作？
병음 Nǐ māma zuò shénme gōngzuò?

③ 중국어 他们身体都很好。
병음 Tāmen shēntǐ dōu hěn hǎo.

복습 01

실력 테스트   정답 ➔ 108~110쪽

1 ① G 忙 / máng / 바쁘다
② C 公司 / gōngsī / 회사
③ D 姐姐 / jiějie / 누나, 언니
④ F 你 / nǐ / 너, 당신
⑤ I 喜欢 / xǐhuan / 좋아하다

녹음 원문
① 忙   ② 公司   ③ 姐姐
④ 你   ⑤ 喜欢

2 ① ×   ② ○   ③ ×
④ ×   ⑤ ○

녹음 원문
① 哥哥喜欢看书，妹妹不喜欢。
② 他是中国人，是我的朋友。
③ 爸爸工作很忙，没有时间。
④ 我去银行，你去不去？
⑤ 他家有三口人，爸爸、妈妈和他。

3 ① 也   ② 他   ③ 有
④ 不   ⑤ 呢

4 ① E   ② D   ③ C
④ B   ⑤ A

5 ① 她喝牛奶。
② 他们在哪儿？

6 참고 답안

大家好，我叫朴东建，今年二十七岁。
Dàjiā hǎo, wǒ jiào Piáo Dōngjiàn, jīnnián
èrshíqī suì.

我是公司职员。
Wǒ shì gōngsī zhíyuán.

我喜欢吃面包，喜欢喝可乐。
Wǒ xǐhuan chī miànbāo, xǐhuan hē kělè.

07 这个果汁多少钱?
이 과일 주스는 얼마예요?

主要句子 해석 ➔ 112쪽

1 과일 주스는 얼마예요?
케이크는 얼마예요?
신발은 얼마예요?

2 이건 12위안이에요.
이건 2위안이에요.
이건 110위안이에요.

3 과일 주스 두 잔 주세요.
사과 세 근 주세요.
맥주 한 병 주세요.

会话1 해석 ➔ 114쪽

동건 이 과일 주스는 얼마예요?
종업원 한 잔에 12위안이에요.
몇 잔 필요하세요?
동건 두 잔 주세요.

说一说1 정답 ➔ 115쪽

동건 这个果汁多少钱?
종업원 一杯十二块钱。
您要几杯?
동건 我要两杯。

会话2 해석 ➔ 116쪽

샤오팅 말씀 좀 물을게요. 사과는 어떻게 팔아요?
종업원 큰 것은 한 근에 8위안,
작은 것은 한 근에 5위안이에요.
어느 것을 드릴까요?
샤오팅 작은 것으로 주세요.

说一说2 정답 ➔ 117쪽

1 샤오팅 请问, 苹果怎么卖?
종업원 大的八块一斤,
小的五块一斤。
您要哪个?
샤오팅 我要小的。

2 참고 답안
① 大的八块一斤, 小的五块一斤。
② 她要小的。   ③ 我要大的。

语法 정답 ➔ 118~119쪽

1 ① 九块二 또는 九块两毛
② 十五块四毛五(分)
③ 四十六块零六分
④ 三百六十块九(毛)

2 ① 个   ② 件   ③ 瓶 또는 杯

3 ① 朋友的   ② 我吃的

练习 정답 ➔ 120~121쪽

1 ① Zhè jiàn yīfu duōshao qián?
② Nín yào shénme?
③ Wǒ yào dà de.
④ Xiǎo de sān kuài yì jīn.

녹음 원문
① 这件衣服多少钱? ② 您要什么?
③ 我要大的。   ④ 小的三块一斤。

2 ① C   ② B   ③ D   ④ A

녹음 원문
① 苹果多少钱一斤?
② 我要两杯果汁。
③ 大的五十块, 小的二十块钱。
④ 请问, 这件衣服怎么卖?

3 ① 我要两杯咖啡。 ② 三块一斤。

4 ① 苹果怎么卖?   ② 这本书多少钱?
③ 我要大的。

08 你的生日是几月几号?
당신의 생일은 몇 월 며칠이에요?

主要句子 해석 ➜ 124쪽

1 내 생일은 10월 4일이에요.
내 생일은 4월 20일이에요.
내 생일은 9월 11일이에요.

2 오늘은 토요일이에요.
오늘은 수요일이에요.
오늘은 일요일이에요.

3 나는 친구와 함께 생일을 보내요.
나는 남자 친구와 함께 영화를 봐요.
나는 할머니와 함께 공원에 가요.

会话1 해석 ➜ 126쪽

동건　너의 생일은 몇 월 며칠이야?
샤오팅　10월 14일이야.
동건　그날은 무슨 요일이야?
샤오팅　토요일이야.

说一说1 정답 ➜ 127쪽

동건　你的生日是几月几号?
샤오팅　十月十四号。
동건　那天是星期几?
샤오팅　星期六。

会话2 해석 ➜ 128쪽

동건　샤오팅, 생일 축하해!
이건 우리가 산 케이크야.
샤오팅　고마워!
오늘 너희랑 같이 생일을 보내서 매우 즐거워.

说一说2 정답 ➜ 129쪽

1 동건　小婷, 生日快乐!
这是我们买的蛋糕。

샤오팅　谢谢!
今天跟你们一起过生日,
我非常开心。

2 참고 답안
① 他们买的是蛋糕。
② 跟朋友一起过生日, 她非常开心。
③ 我的生日十月十四号。

语法 정답 ➜ 130~131쪽

1 ① 一九九零年十月十二号
② 二零零八年八月八号
③ 二零二四年六月二十七号

3 ① 我跟姐姐一起去中国。
② 老师和同学一起吃饭。

练习 정답 ➜ 132~133쪽

1 ① Zuótiān xīngqī jǐ?
② Jīntiān liù yuè shísān hào.
③ Zhè shì wǒ mǎi de dàngāo.
④ Wǒ fēicháng kāixīn.

녹음 원문
① 昨天星期几?
② 今天六月十三号。
③ 这是我买的蛋糕。
④ 我非常开心。

2 ① A　　② C　　③ D　　④ B

녹음 원문
① 一月十九号是爷爷的生日。
② 我跟朋友一起看电影。
③ 我今天很开心。
④ 六月二十四号是星期四。

3 ① 今天星期几?
② 他的生日是一月六号。

4 ① 生日快乐!
② 今天(是)星期一。
③ 我跟朋友一起学汉语。

你几点下班?

당신은 몇 시에 퇴근해요?

主要句子 해석 ➔ 136쪽

1 나는 7시에 퇴근해요.
나는 9시에 수업해요.
나는 12시에 자요.

2 우리는 카페에서 당신을 기다릴게요.
우리는 입구에서 당신을 기다릴게요.
우리는 지하철역에서 당신을 기다릴게요.

3 우리는 식당 안에 있어요.
우리는 식당 밖에 있어요.
우리는 식당 앞에 있어요.

会话1 해석 ➔ 138쪽

수정　너는 몇 시에 퇴근해?
동건　7시에 퇴근해.
　　　우리 7시 반에 만나자.
수정　좋아. 우리는 식당에서 너를 기다릴게.

说一说1 정답 ➔ 139쪽

수정　**你几点下班?**
동건　**我七点下班。**
　　　咱们七点半见吧。
수정　**好的，我们在餐厅等你。**

会话2 해석 ➔ 140쪽

동건　너희들 어디 있어?
수정　우리는 식당 안에 있어.
동건　미안해. 나 방금 퇴근했어.
　　　너희 먼저 주문해.
　　　나는 10분 후에 도착해.

说一说2 정답 ➔ 141쪽

1 동건　**你们在哪儿?**
　　수정　**我们在餐厅里边。**
　　동건　**不好意思，我刚刚下班。**

你们先点菜吧。
我十分钟后到。

2 참고 답안
　① **她在餐厅里边。**
　② **他十分钟后到。**
　③ **我跟朋友在电影院见。**

语法 정답 ➔ 142~143쪽

1 ① **两点三十分** 또는 **两点半**
　② **三点十五分** 또는 **三点一刻**
　③ **一点五十五分** 또는 **差五分两点**
　④ **十二点二十九分**

2 ① **姐姐不在这儿。**　② **你在哪儿工作?**

练习 정답 ➔ 144~145쪽

1 ① Wǒ qī diǎn xiàbān.
　② Wǒmen zài cāntīng děng nǐ.
　③ Zánmen qī diǎn bàn jiàn ba.
　④ Wǒ wǔ fēnzhōng hòu dào.

> 녹음 원문
> ① 我七点下班。
> ② 我们在餐厅等你。
> ③ 咱们七点半见吧。
> ④ 我五分钟后到。

2 ① D　　② C　　③ B　　④ A

> 녹음 원문
> ① 我八点上课。
> ② 我们在咖啡厅等你。
> ③ 现在差六分十二点。
> ④ 你几点睡觉?

3 ① 你几点起床?
　② 现在两点三十分。 또는 现在两点半。

4 ① 我五点下课。
　② 我们在门口等你。
　③ 我在公司前边。

10 我想去玩儿。
나는 놀러 가고 싶어요.

主要句子 해석 ➤ 148쪽

1 나는 놀이공원에 가고 싶어요.
   나는 영화를 보고 싶어요.
   나는 집으로 돌아가고 싶어요

2 나는 공원에 놀러 가요.
   나는 학교에 공부하러 가요.
   나는 식당에 밥 먹으러 가요.

3 당신은 가본 적 있어요?
   당신은 들어 본 적 있어요?
   당신은 만나 본 적 있어요?

会话1 해석 ➤ 150쪽

동건   주말에 너는 뭐 하고 싶어?
샤오팅 나는 놀러 가고 싶어.
동건   너는 어디로 놀러 가고 싶어?
샤오팅 나는 놀이공원에 가고 싶어.

说一说1 정답 ➤ 151쪽

동건   周末你想干什么?
샤오팅 我想去玩儿。
동건   你想去哪儿玩儿?
샤오팅 我想去游乐场。

会话2 해석 ➤ 152쪽

샤오팅 너는 제주도에 가봤어?
동건   아직 가본 적 없어. 듣자 하니 매우 재미있다
       고 하더라.
샤오팅 우리 주말에 같이 가는 게 어때?
동건   너무 좋아!

说一说2 정답 ➤ 153쪽

1 샤오팅 你去过济州岛吗?
   동건   我还没去过,
          听说很好玩儿。

샤오팅 我们周末一起去, 怎么样?
동건   太好了!

2 참고 답안
   ① 他还没去过济州岛。
   ② 他们周末一起去济州岛。
   ③ 我还没去过中国。

语法 정답 ➤ 154~155쪽

1 ① 我想去中国。
   ② 你想不想吃西瓜?

2 ① 我去电影院看电影。
   ② 他去超市买东西。

3 ① D   ② B   ③ C

练习 정답 ➤ 156~157쪽

1 ① Tài hǎo le!
   ② Wǒ xiǎng qù wánr.
   ③ Wǒ hái méi qùguo.
   ④ Wǒmen yìqǐ qù, zěnmeyàng?

> 녹음 원문
> ① 太好了!
> ② 我想去玩儿。
> ③ 我还没去过。
> ④ 我们一起去, 怎么样?

2 ① A   ② D   ③ C   ④ B

> 녹음 원문
> ① 我想吃西瓜。
> ② 他去公园玩儿。
> ③ 我穿这双鞋怎么样?
> ④ 他去年去过中国。
>
> *双 shuāng 양 쌍, 켤레[짝을 이루는 물건을 세는 단위]

3 ① 你想吃什么?   ② 我去过美国。

4 ① 你想干什么? 또는 你想做什么?
   ② 我周末去买衣服。
   ③ 我没去过北京。

11 他在开会呢。
그는 회의 중이에요.

主要句子 해석 ➜ 160쪽

1 그는 회의하고 있어요.
그는 수업하고 있어요.
그는 음악을 듣고 있어요.

2 내가 당신에게 전화할게요.
내가 당신에게 문자 메시지를 보낼게요.
내가 당신에게 사진을 찍어 줄게요.

3 당신은 전화를 받을 수 있어요?
당신은 학교에 올 수 있어요?
당신은 나를 도와줄 수 있어요?

발음 트레이닝 해석 ➜ 161쪽

큰 토끼, 큰 배,
큰 배를 가진 큰 토끼는
큰 토끼의 큰 배를 물려고 해요.

会话1 해석 ➜ 162쪽

샤오팅 여보세요, 저는 동건 씨를 찾는데,
자리에 있나요?
동료 그는 회의 중인데, 당신은 누구세요?
샤오팅 저는 그의 친구 샤오팅이라고 해요.
동료 잠시 후에 다시 전화하세요.

说一说1 정답 ➜ 163쪽

샤오팅 喂, 我找东建, 他在吗?
동료 他在开会呢, 您是哪位?
샤오팅 我是他朋友, 叫小婷。
동료 您一会儿再打吧。

会话2 해석 ➜ 164쪽

샤오팅 너 지금 전화 받을 수 있어?
동건 지금은 안 돼. 수업 중이야.
샤오팅 너는 언제 수업이 끝나?
동건 나는 9시 반에 수업이 끝나.

수업이 끝난 후에 내가 너에게 전화할게.

说一说2 정답 ➜ 165쪽

1 샤오팅 你现在能接电话吗?
동건 现在不能, 我在上课呢。
샤오팅 你什么时候下课?
동건 我九点半下课。
下课后我给你打电话吧。

2 참고 답안
① 他现在不能接电话。
② 他在上课呢。
③ 我在学习汉语呢。

语法 정답 ➜ 166~167쪽

1 ① 我在做饭(呢)。/ 我正在做饭(呢)。/
我做饭呢。
② 我在听音乐(呢)。/
我正在听音乐(呢)。/ 我听音乐呢。

2 ① 我不能去你家。
② 你能不能帮我?

3 ① ～에게   ② 주다   ③ ～에게   ④ ～에게

练习 정답 ➜ 168~169쪽

1 ① Nín shì nǎ wèi?
② Nǐ shénme shíhou lái?
③ Tā zài kāihuì ne.
④ Nín yíhuìr zài dǎ diànhuà ba.

녹음 원문
① 您是哪位?
② 你什么时候来?
③ 他在开会呢。
④ 您一会儿再打电话吧。

2 ① C   ② B   ③ D   ④ A

녹음 원문
① 他在照相呢。   ② 我不能喝酒。
③ 喂, 您找哪位?   ④ 小狗在睡觉呢。

3 ① 我在上课呢。
　　② 我不能接电话。

4 ① 他在看电影呢。
　　② 我给他打电话。
　　③ 你能来吗?

12 你会弹吉他吗?
당신은 기타를 칠 줄 알아요?

主要句子　해석 ➜ 172쪽

1 당신은 기타를 칠 줄 알아요?
　　당신은 운전할 줄 알아요?
　　당신은 노래를 부를 줄 알아요?

2 나는 스키 타러 갈 거예요.
　　나는 쉴 거예요.
　　나는 잘 거예요.

3 나는 당신에게 가르쳐 줄 수 있어요.
　　나는 당신을 기다릴 수 있어요.
　　나는 당신에게 사줄 수 있어요.

발음 트레이닝　해석 ➜ 173쪽

3월 3일,
샤오산(小三)은 등산하러 갔어요.
산을 세 번 올라갔는데,
3.3리를 걸었어요.

会话1　해석 ➜ 174쪽

샤오팅　너의 취미는 뭐야?
동건　나는 스키를 좋아해. 너는?
샤오팅　내 취미는 기타 연주야.
　　　　너는 기타를 칠 줄 알아?
동건　나는 기타를 칠 줄 몰라.

说一说1　정답 ➜ 175쪽

샤오팅　你的爱好是什么?
동건　我喜欢滑雪。你呢?
샤오팅　我的爱好是弹吉他。
　　　　你会弹吉他吗?
동건　我不会弹吉他。

会话2　해석 ➜ 176쪽

동건　나는 다음 주에 스키 타러 갈 거야.
　　　너는 같이 가고 싶어?
샤오팅　가고 싶은데, 나는 스키를 탈 줄 몰라.
동건　내가 너에게 가르쳐 줄 수 있어.
샤오팅　잘 됐네, 고마워!

说一说2　정답 ➜ 177쪽

1 동건　我下周要去滑雪。
　　　　你想一起去吗?
　　샤오팅　想, 可是我不会滑雪。
　　동건　我可以教你。
　　샤오팅　太好了, 谢谢你!

2 참고 답안
　　① 他下周要去滑雪。
　　② 她不会滑雪。
　　③ 我的爱好是游泳。

语法　정답 ➜ 178~179쪽

2 ① 我不想去北京。
　　② 我要给老师打电话。

3 ① 可以　　② 会 / 会　　③ 要

练习　정답 ➜ 180~181쪽

1 ① Wǒ bú huì tán jítā.
　　② Wǒ kěyǐ jiāo nǐ.
　　③ Wǒ xǐhuan huáxuě.
　　④ Nǐ de àihào shì shénme?

녹음 원문

① 我不会弹吉他。
② 我可以教你。
③ 我喜欢滑雪。
④ 你的爱好是什么?

2 ① B ② C ③ A ④ D

녹음 원문

① 我很喜欢滑雪。
② 姐姐会弹吉他。
③ 我下午要去游泳。
④ 我的爱好是看书。

*下午 xiàwǔ 圀 오후

3 ① 我的爱好是唱歌。
② 他会踢足球。

4 ① 你会说汉语吗?
② 我明年要去中国。
③ 我可以教你。

복습 02

실력 테스트 정답 ➔ 190~192쪽

1 ① D 上班 / shàngbān / 출근하다
② C 快乐 / kuàilè / 즐겁다
③ F 里边 / lǐbian / 안쪽
④ E 杯 / bēi / 잔, 컵
⑤ I 苹果 / píngguǒ / 사과

녹음 원문

① 上班 ② 快乐 ③ 里边
④ 杯 ⑤ 苹果

2 ① ○ ② × ③ ×
④ ○ ⑤ ○

녹음 원문

① 哥哥的爱好是滑雪, 周末他要跟朋友
一起去滑雪。
② 爷爷正在睡觉呢, 你一会儿再来吧。
③ 不好意思, 我现在很忙, 不能接电话。
④ 妈妈五点半下班, 下班后她去买东西。
⑤ 我的生日是八月十号, 那天我跟同学
一起过生日。

3 ① 开心 ② 想 ③ 只
④ 教 ⑤ 还

4 ① D ② E ③ B
④ A ⑤ C

5 ① 他们在开会呢。
② 你的爱好是什么?

6 참고 답안

我的生日是十月十四号,
Wǒ de shēngrì shì shí yuè shísì hào,

我想跟同学一起过生日。
wǒ xiǎng gēn tóngxué yìqǐ guò shēngrì.

我喜欢看电影, 生日那天,
Wǒ xǐhuan kàn diànyǐng, shēngrì nà tiān,

我想去电影院看电影。
wǒ xiǎng qù diànyǐngyuàn kàn diànyǐng.

찾아보기

독해의 달인이 되는 필독 기본서
재미와 감동, 문화까지 맛있게 독해하자

엄영권 지음 | ❶ 228쪽 · ❷ 224쪽
각 권 값 14,500원(MP3 파일 무료 다운로드)

작문의 달인이 되는 필독 기본서
어법과 문장구조, 어감까지 익혀 거침없이 작문하자

한민이 지음 | 각 권 204쪽 | ❶ 16,000원 ❷ 13,500원

중국어의
달인이 되는
필독 기본서

어법의 달인이 되는 필독 기본서
중국어 어법 A to Z 빠짐없이 잡는다

한민이 지음 | 280쪽 | 17,500원
(본책+워크북+발음 MP3 파일 무료 다운로드)

듣기의 달인이 되는 필독 기본서
듣기 집중 훈련으로 막힌 귀와 입을 뚫는다

김효정 · 이정아 지음 | 232쪽 | 값 15,000원
(본책+워크북+MP3 파일 무료 다운로드)

중국어 1등 학습 내비게이션

퍼스트 중국어 ① ②

김준헌, 왕혜경 저 | 234쪽 | 15,000원

김준헌, 왕혜경 저 | 240쪽 | 15,000원

중국어 달인이 되는 학습 포인트

1 상세한 설명과 반복
연습으로 발음 정복!!

2 주요 표현 40 문장으로
문형 정복!!

3 도식화된 어순으로
쉽게 어법 정복!!

4 문장, 회화 반복
학습으로 회화 정복!!

5 다양한 문제로 듣기
연습하며 듣기 정복!!

6 워크북으로 꼼꼼히
복습하며 쓰기 정복!!

이제는
여행Ⅹ음식Ⅹ중국어다!

여행과 음식으로
즐겨요!

JRC 중국어연구소 저 | 14,000원

재미와 학습을 한번에! 4주 독학 완성!

 + + +  +

여행 콘셉트 본책　　쓰기 노트　　여행 미니북　　무료 동영상 강의　　테마 지도

JRC 일본어연구소 저 | 14,000원

홍빛나 저 | 15,500원

국선아 저 | 15,000원

피무 저 | 16,500원

김정, 일리야 저 | 16,500원

최신개정

스피킹 중국어

JRC 중국어연구소 기획·저

워크북

STEP
1

맛있는 books

chapter 01

你好!

안녕하세요!

- 학습일 : _____ / _____
- 본책 31~42쪽

01 **간체자 쓰기** 획순에 맞게 단어를 써보세요.

你 nǐ 때 너, 당신	ノイイ伫竹你你				
	你 nǐ	你 nǐ			

我 wǒ 때 나	一二干手我我我				
	我 wǒ	我 wǒ			

好 hǎo 형 좋다, 안녕하다	乀乁女女好好好				
	好 hǎo	好 hǎo			

忙 máng 형 바쁘다	丶丶忄忄忙忙				
	忙 máng	忙 máng			

累 lèi 형 피곤하다	丨 冂 冃 甲 田 里 里 罗 罗 累 累	
	累 lèi	累 lèi

吗 ma 조 ~입니까?, ~하나요? (嗎)	丨 卩 卩 叮 吗 吗	
	吗 ma	吗 ma

很 hěn 부 매우, 아주	ノ ノ ヲ 彳 彳 彳 很 很 很	
	很 hěn	很 hěn

呢 ne 조 ~는요?	丨 卩 卩 叮 卩 叩 呢 呢	
	呢 ne	呢 ne

谢谢 xièxie 동 감사합니다 (謝謝)	` 亠 讠 讠 讷 讷 讷 谢 谢 谢 谢 谢	
	谢谢	
	xièxie	

02 단어 체크 다음 뜻에 해당하는 중국어와 병음을 쓰세요.

❶ 천만에요 　중국어 _____ 　병음 _____

❷ 당신[你의 존칭] 　중국어 _____ 　병음 _____

❸ ~아니다, ~않다 　중국어 _____ 　병음 _____

❹ 그녀 　중국어 _____ 　병음 _____

❺ ~도, 또한 　중국어 _____ 　병음 _____

03 문장 체크 성조를 표시한 후, 중국어 문장을 써보세요.

❶ 老师好!
Laoshi hao!

✎ _____

❷ 大家好!
Dajia hao!

✎ _____

❸ 你渴吗?
Ni ke ma?

✎ _____

04 **어법 체크** 다음 문장을 바르게 고치세요.

❶ 您们好!

➜ _____

❷ 我忙不。

➜ _____

❸ 他很也饿。

➜ _____

❹ 你们累呢?

➜ _____

05 **회화 체크** 빈칸에 알맞은 단어를 써서 대화를 완성하세요.

A 你_____吗?
Nǐ máng ma?

B _____很忙。 你_____?
Wǒ hěn máng.　Nǐ ne?

A 我也_____。
Wǒ yě hěn máng.

chapter 02

他是谁?

그는 누구예요?

01 **간체자 쓰기** 획순에 맞게 단어를 써보세요.

这 zhè 대 이, 이것 (這)	`丶 亠 讠 文 文 这 这`				
	这	这			
	zhè	zhè			

他 tā 대 그	`丿 亻 亻 他 他`				
	他	他			
	tā	tā			

是 shì 동 ~이다	`丨 冂 曰 旦 旦 昌 早 是 是`				
	是	是			
	shì	shì			

谁 shéi(shuí) 대 누구 (誰)	`丶 讠 讠 讠 讠 讠 讠 谁 谁`				
	谁	谁			
	shéi	shéi			

的	′ ⺊ ⺊ ⺊ ⺊ 的 的 的				
de	的	的			
㪣 ~의	de	de			

哪	丨 口 口 叮 叮 吗 哪 哪 哪				
nǎ	哪	哪			
대 어느, 어떤	nǎ	nǎ			

国	丨 冂 冂 冃 用 国 国 国				
guó	国	国			
명 나라 (國)	guó	guó			

朋友	丿 几 月 月 朋 朋 朋 朋 一 ナ 方 友		
péngyou	朋友		
명 친구	péngyou		

好吃	⺄ 女 女 女 好 好 丨 口 口 口 吃 吃		
hǎochī	好吃		
형 맛있다	hǎochī		

단어 체크 다음 뜻에 해당하는 중국어와 병음을 쓰세요.

❶ 중국 〔중국어〕 _____ 〔병음〕 _____

❷ 무엇, 무슨 〔중국어〕 _____ 〔병음〕 _____

❸ 먹다 〔중국어〕 _____ 〔병음〕 _____

❹ 책 〔중국어〕 _____ 〔병음〕 _____

❺ 사람 〔중국어〕 _____ 〔병음〕 _____

03 **문장 체크** 성조를 표시한 후, 중국어 문장을 써보세요.

❶ 这是牛奶。
Zhe shi niunai.

_____

❷ 我是韩国人。
Wo shi Hanguoren.

_____

❸ 他是美国人。
Ta shi Meiguoren.

_____

04 어법 체크 다음 〈보기〉 중 빈칸에 들어갈 알맞은 단어를 고르세요.

> 보기   哪   是   吧   这

❶ 我不_____学生。

❷ 你朋友是_____国人?

❸ 面包很好吃，你也吃_____。

❹ _____不是我的衣服，那是我的衣服。

05 회화 체크 빈칸에 알맞은 단어를 써서 대화를 완성하세요.

A 这是_____?
　Zhè shì shénme?

B _____中国饼干。
　Zhè shì Zhōngguó bǐnggān.

A _____吗?
　Hǎochī ma?

B 很好吃，你也_____。
　Hěn hǎochī, nǐ yě chī ba.

chapter 03

我看电影。

나는 영화를 봐요.

- 학습일 : _____ / _____
- 본책 55~66쪽

01 간체자 쓰기 획순에 맞게 단어를 써보세요.

看 kàn 동 보다	一 二 三 手 手 看 看 看 看				
	看 kàn	看 kàn			

听 tīng 동 듣다 (聽)	I 口 口 口 听 听 听				
	听 tīng	听 tīng			

喝 hē 동 마시다	I 口 口 口 叮 叮 叮 吧 喝 喝 喝 喝				
	喝 hē	喝 hē			

茶 chá 명 차	一 十 艹 艾 芩 苓 茶 茶				
	茶 chá	茶 chá			

咖啡 kāfēi 명 커피	丨丨口叮叻咖咖咖 丨丨口叮叮叮哔哔啡啡		
	咖啡		
	kāfēi		

妈妈 māma 명 엄마 (媽媽)	乚夕女奵 妈 妈		
	妈妈		
	māma		

电影 diànyǐng 명 영화 (電影)	丨冂日日电 丨冂冃胃昌昌景景景景影影		
	电影		
	diànyǐng		

喜欢 xǐhuan 동 좋아하다 (喜歡)	一十士古古古吉吉壴亭喜喜 フ又ヌ゙゙ヌ゙゙゙欢欢		
	喜欢		
	xǐhuan		

照片 zhàopiàn 명 사진	丨冂日日日时昭昭照照照照照 丿丿゙广片		
	照片		
	zhàopiàn		

단어 체크 다음 뜻에 해당하는 중국어와 병음을 쓰세요.

❶ 사다 　　　[중국어] _____ 　　 [병음] _____

❷ 영화 　　　[중국어] _____ 　　 [병음] _____

❸ 음악 　　　[중국어] _____ 　　 [병음] _____

❹ 재미있다 　[중국어] _____ 　　 [병음] _____

❺ 좋아하다 　[중국어] _____ 　　 [병음] _____

문장 체크 성조를 표시한 후, 중국어 문장을 써보세요.

❶ 我看电视。
Wo kan dianshi.

✎ _____

❷ 我喜欢听音乐。
Wo xihuan ting yinyue.

✎ _____

❸ 我喜欢吃中国菜。
Wo xihuan chi Zhongguo cai.

✎ _____

04 **어법 체크** 제시된 단어를 배열하여 문장을 완성하세요.

❶ 什么 / 看 / 你 / 电影

➜ _____

❷ 喝 / 我 / 咖啡

➜ _____

❸ 她 / 衣服 / 买 / 不

➜ _____

❹ 喜欢 / 你 / 吃 / 什么

➜ _____

05 **회화 체크** 빈칸에 알맞은 단어를 써서 대화를 완성하세요.

A 你喝什么?
Nǐ hē shénme?

B 我喝_____。
Wǒ hē chá.

A 你_____喝咖啡吗?
Nǐ xǐhuan hē kāfēi ma?

B 我不喜欢_____。
Wǒ bù xǐhuan hē kāfēi.

chapter 04

他在哪儿?

그는 어디에 있어요?

■학습일 : _____ / _____
■본책 67~78쪽

01 **간체자 쓰기** 획순에 맞게 단어를 써보세요.

去 qù 동 가다	一 十 土 去 去
	去 去
	qù qù

来 lái 동 오다 (來)	一 一 ⊓ ⊓ 平 来 来
	来 来
	lái lái

在 zài 동 ~에 있다	一 ナ ナ 左 在 在
	在 在
	zài zài

我们 wǒmen 대 우리 (我們)	⌐ 一 千 手 我 我 我 / イ 仆 们 们
	我们
	wǒmen

这儿 zhèr 대 여기, 이곳 (這兒)	` 亠 亠 文 文 这 这 丿 儿		
	这儿		
	zhèr		

那儿 nàr 대 거기, 저기, 그곳, 저곳 (那兒)	丁 了 引 月 那 那 丿 儿		
	那儿		
	nàr		

哪儿 nǎr 대 어디, 어느 곳 (哪兒)	丨 冂 口 叮 叮 叨 叨 哪 哪 丿 儿		
	哪儿		
	nǎr		

邮局 yóujú 명 우체국 (郵局)	丨 冂 日 曲 由 邮 邮 フ ヲ 尸 月 局 局 局		
	邮局		
	yóujú		

房间 fángjiān 명 방 (房間)	` 亠 亠 户 户 户 房 房 ` 门 门 门 间 间 间		
	房间		
	fángjiān		

단어 체크 다음 뜻에 해당하는 중국어와 병음을 쓰세요.

❶ 회사 　　(중국어) ＿＿＿＿＿＿＿＿＿ 　　(병음) ＿＿＿＿＿＿＿＿＿

❷ 마트 　　(중국어) ＿＿＿＿＿＿＿＿＿ 　　(병음) ＿＿＿＿＿＿＿＿＿

❸ 핸드폰 　　(중국어) ＿＿＿＿＿＿＿＿＿ 　　(병음) ＿＿＿＿＿＿＿＿＿

❹ 베이징 　　(중국어) ＿＿＿＿＿＿＿＿＿ 　　(병음) ＿＿＿＿＿＿＿＿＿

❺ 카페, 커피숍 　　(중국어) ＿＿＿＿＿＿＿＿＿ 　　(병음) ＿＿＿＿＿＿＿＿＿

문장 체크 성조를 표시한 후, 중국어 문장을 써보세요.

❶ 你听不听?
Ni ting bu ting?

✎ ＿＿＿＿＿＿＿＿＿＿＿＿＿＿＿＿＿＿＿＿＿＿＿＿＿＿＿＿＿

❷ 他在机场。
Ta zai jichang.

✎ ＿＿＿＿＿＿＿＿＿＿＿＿＿＿＿＿＿＿＿＿＿＿＿＿＿＿＿＿＿

❸ 他在房间。
Ta zai fangjian.

✎ ＿＿＿＿＿＿＿＿＿＿＿＿＿＿＿＿＿＿＿＿＿＿＿＿＿＿＿＿＿

04 어법 체크 ➤ 다음 문장을 바르게 고치세요.

❶ 你饿不饿吗?

➤ _____

❷ 爸爸在不公司。

➤ _____

❸ 你去哪儿里?

➤ _____

❹ 他是没是你弟弟?

➤ _____

05 회화 체크 ➤ 빈칸에 알맞은 단어를 써서 대화를 완성하세요.

A 我们去咖啡厅，你去_____去?
　　Wǒmen qù kāfēitīng, nǐ qù bu qù?

B _____。
　　Wǒ bú qù.

A 你去_____?
　　Nǐ qù nǎr?

B 我去_____。
　　Wǒ qù yóujú.

chapter 05

你叫什么名字?

당신의 이름은 무엇인가요?

▪학습일 : _____ / _____
▪본책 79~90쪽

01 **간체자 쓰기** 획순에 맞게 단어를 써보세요.

叫 jiào 图 ~라고 부르다, ~라고 불리다	丨 冂 冂 叩 叫				
	叫	叫			
	jiào	jiào			

姓 xìng 몡 성씨 图 성이 ~이다	ㄑ ㄑ 女 女 女 女 姓 姓				
	姓	姓			
	xìng	xìng			

岁 suì 향 살, 세 (歲)	丨 屵 屵 屵 岁 岁				
	岁	岁			
	suì	suì			

几 jǐ 때 몇 (幾)	丿 几				
	几	几			
	jǐ	jǐ			

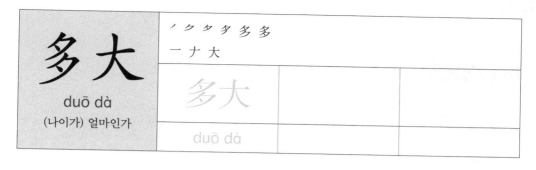

多大
duō dà
(나이가) 얼마인가

ノ クタ タ 多 多
一 ナ 大

多大

duō dà

名字
míngzi
명 이름

ノ クタ タ 名 名
丶 ハ ウ ウ 宁 字

名字

míngzi

今年
jīnnián
명 올해

ノ 人 人 今
ノ ト 二 ム 巨 年

今年

jīnnián

现在
xiànzài
명 현재, 지금
(現在)

一 二 干 王 到 玑 玥 现
一 ナ ナ ナ 在 在

现在

xiànzài

工作
gōngzuò
명 일 동 일하다

一 T 工
ノ イ イ 厂 作 作 作

工作

gōngzuò

단어 체크 다음 뜻에 해당하는 중국어와 병음을 쓰세요.

❶ 대학생 （중국어）＿＿＿＿＿＿＿＿＿ （병음）＿＿＿＿＿＿＿＿＿＿

❷ 성씨, 성이 ~이다 （중국어）＿＿＿＿＿＿＿＿＿ （병음）＿＿＿＿＿＿＿＿＿＿

❸ 살, 세 （중국어）＿＿＿＿＿＿＿＿＿ （병음）＿＿＿＿＿＿＿＿＿＿

❹ 현재, 지금 （중국어）＿＿＿＿＿＿＿＿＿ （병음）＿＿＿＿＿＿＿＿＿＿

❺ 이름 （중국어）＿＿＿＿＿＿＿＿＿ （병음）＿＿＿＿＿＿＿＿＿＿

03 **문장 체크** 성조를 표시한 후, 중국어 문장을 써보세요.

❶ 老师，您贵姓?
Laoshi, nin guixing?

✎ ＿＿＿＿＿＿＿＿＿＿＿＿＿＿＿＿＿＿＿＿＿＿＿＿＿＿＿＿＿＿

❷ 我今年十九岁。
Wo jinnian shijiu sui.

✎ ＿＿＿＿＿＿＿＿＿＿＿＿＿＿＿＿＿＿＿＿＿＿＿＿＿＿＿＿＿＿

❸ 他叫什么名字?
Ta jiao shenme mingzi?

✎ ＿＿＿＿＿＿＿＿＿＿＿＿＿＿＿＿＿＿＿＿＿＿＿＿＿＿＿＿＿＿

어법 체크 제시된 단어를 배열하여 문장을 완성하세요.

❶ 朴 / 朴东建 / 我 / 叫 / 姓

➜ _____

❷ 她 / 岁 / 五十 / 今年

➜ _____

❸ 几 / 你 / 岁

➜ _____

❹ 姓 / 不 / 王 / 我

➜ _____

05 **회화 체크** 빈칸에 알맞은 단어를 써서 대화를 완성하세요.

A 你今年_____？
　 Nǐ jīnnián duō dà?

B 我今年_____。
　 Wǒ jīnnián èrshíqī suì.

A 你是大学生吗?
　 Nǐ shì dàxuéshēng ma?

B _____，我现在_____。
　 Bú shì, wǒ xiànzài gōngzuò.

chapter 06

你家有几口人?

당신의 가족은 몇 명이에요?

■학습일 : _____ / _____
■본책 91~102쪽

01 간체자 쓰기 획순에 맞게 단어를 써보세요.

家 jiā 명 집	﹅ ﹅ 宀 宀 宇 宇 穷 豕 家 家				
	家	家			
	jiā	jiā			

有 yǒu 동 있다, 가지고 있다	一 ナ 广 冇 有 有				
	有	有			
	yǒu	yǒu			

口 kǒu 양 식구	丨 冂 口				
	口	口			
	kǒu	kǒu			

都 dōu 부 모두	一 十 土 耂 者 者 者 者 都 都				
	都	都			
	dōu	dōu			

和	一 二 千 禾 禾 和 和 和				
hé	和	和			
접 ~와/과	hé	hé			

做	亻 亻 什 什 估 估 做 做 做 做				
zuò	做	做			
동 하다	zuò	zuò			

爸爸	丶 八 父 父 谷 爷 爷 爸 爸		
bàba	爸爸		
명 아빠	bàba		

妹妹	乚 乂 女 女 妇 妌 妹 妹		
mèimei	妹妹		
명 여동생	mèimei		

身体	丶 亻 勹 勹 身 身 身 丿 亻 仁 什 休 休 体		
shēntǐ	身体		
명 몸, 신체, 건강 (身體)	shēntǐ		

① 할아버지　　　중국어 ＿＿＿＿＿＿＿＿　　　병음 ＿＿＿＿＿＿＿＿

② 중국어　　　　중국어 ＿＿＿＿＿＿＿＿　　　병음 ＿＿＿＿＿＿＿＿

③ 의사　　　　　중국어 ＿＿＿＿＿＿＿＿　　　병음 ＿＿＿＿＿＿＿＿

④ 형, 오빠　　　중국어 ＿＿＿＿＿＿＿＿　　　병음 ＿＿＿＿＿＿＿＿

⑤ 은행　　　　　중국어 ＿＿＿＿＿＿＿＿　　　병음 ＿＿＿＿＿＿＿＿

03 **문장 체크** 성조를 표시한 후, 중국어 문장을 써보세요.

① 你家有几口人?
Ni jia you ji kou ren?

✎ ＿＿＿＿＿＿＿＿＿＿＿＿＿＿＿＿＿＿＿＿＿＿＿＿＿＿＿＿＿＿

② 我家有两口人。
Wo jia you liang kou ren.

✎ ＿＿＿＿＿＿＿＿＿＿＿＿＿＿＿＿＿＿＿＿＿＿＿＿＿＿＿＿＿＿

③ 我是公司职员。
Wo shi gongsi zhiyuan.

✎ ＿＿＿＿＿＿＿＿＿＿＿＿＿＿＿＿＿＿＿＿＿＿＿＿＿＿＿＿＿＿

〈보기〉 也 有 都 做

❶ 我们也_____是韩国人。

❷ 你_____时间吗?

❸ 他_____喜欢喝中国茶。

❹ 你_____什么工作?

05 **회화 체크** 빈칸에 알맞은 단어를 써서 대화를 완성하세요.

A 你爸爸、妈妈_____好吗?
　Nǐ bàba、māma shēntǐ hǎo ma?

B 他们身体_____。
　Tāmen shēntǐ dōu hěn hǎo.

A 你爸爸做_____?
　Nǐ bàba zuò shénme gōngzuò?

B 他是银行_____。
　Tā shì yínháng zhíyuán.

chapter 07

这个果汁多少钱?

이 과일 주스는 얼마예요?

▪학습일 : _____ / _____
▪본책 111~122쪽

01 **간체자 쓰기** 획순에 맞게 단어를 써보세요.

个 gè 양 개, 명 (個)	ノ 人 个					
	个 gè	个 gè				

杯 bēi 양 잔, 컵	一 十 才 木 柯 杯 杯 杯					
	杯 bēi	杯 bēi				

块 kuài 양 위안[중국의 화폐 단위] (塊)	一 十 圡 坅 坅 块					
	块 kuài	块 kuài				

斤 jīn 양 근[무게의 단위]	一 厂 斤 斤					
	斤 jīn	斤 jīn				

钱 qián 뗑 돈 (錢)	ノ ト ト ㅌ 钅 钅 钅 钱 钱 钱				
	钱	钱			
	qián	qián			

要 yào 뙹 원하다, 필요하다	一 丆 西 西 西 要 要 要				
	要	要			
	yào	yào			

卖 mài 뙹 팔다 (賣)	一 十 キ キ 去 去 卖 卖				
	卖	卖			
	mài	mài			

小 xiǎo 톙 작다	ㅣ 小 小				
	小	小			
	xiǎo	xiǎo			

果汁 guǒzhī 뗑 과일 주스	一 冂 冃 日 旦 早 果 果 丶 冫 氵 汁				
	果汁				
	guǒzhī				

02 **단어 체크** 다음 뜻에 해당하는 중국어와 병음을 쓰세요.

❶ 크다 　　(중국어) ＿＿＿＿＿＿＿＿　　(병음) ＿＿＿＿＿＿＿＿＿

❷ 사과 　　(중국어) ＿＿＿＿＿＿＿＿　　(병음) ＿＿＿＿＿＿＿＿＿

❸ 어떻게, 왜 　　(중국어) ＿＿＿＿＿＿＿＿　　(병음) ＿＿＿＿＿＿＿＿＿

❹ 얼마, 몇 　　(중국어) ＿＿＿＿＿＿＿＿　　(병음) ＿＿＿＿＿＿＿＿＿

❺ 말씀 좀 묻겠습니다 (중국어) ＿＿＿＿＿＿＿＿　　(병음) ＿＿＿＿＿＿＿＿＿

03 **문장 체크** 다음 문장의 병음을 쓰고 해석해 보세요.

❶ 蛋糕多少钱?

(병음) ＿＿＿＿＿＿＿＿＿＿＿＿＿＿＿＿＿＿＿＿＿＿＿

(해석) ＿＿＿＿＿＿＿＿＿＿＿＿＿＿＿＿＿＿＿＿＿＿＿

❷ 我要一本书。

(병음) ＿＿＿＿＿＿＿＿＿＿＿＿＿＿＿＿＿＿＿＿＿＿＿

(해석) ＿＿＿＿＿＿＿＿＿＿＿＿＿＿＿＿＿＿＿＿＿＿＿

❸ 这个两块钱。

(병음) ＿＿＿＿＿＿＿＿＿＿＿＿＿＿＿＿＿＿＿＿＿＿＿

(해석) ＿＿＿＿＿＿＿＿＿＿＿＿＿＿＿＿＿＿＿＿＿＿＿

04 어법 체크 ▶ 다음 〈보기〉 중 빈칸에 들어갈 알맞은 단어를 고르세요.

보기　瓶　个　件　只

❶ 我要两_____酒。

❷ 你有几_____美国朋友?

❸ 这_____小狗是你家的吗?

❹ 那_____衣服很漂亮。

05 회화 체크 ▶ 빈칸에 알맞은 단어를 써서 대화를 완성하세요.

A 这个果汁_____钱?
　Zhège guǒzhī　　qián?

B 一杯十二块钱。
　Yì bēi shí'èr kuài qián.

　您要_____?
　Nín yào

A 我_____两杯。
　Wǒ　　liǎng bēi.

chapter 08

你的生日是几月几号?

당신의 생일은 몇 월 며칠이에요?

■ 학습일 : _____ / _____
■ 본책 123~134쪽

01 간체자 쓰기 획순에 맞게 단어를 써보세요.

月 yuè 명 월	ノ 刀 月 月					
	月 yuè	月 yuè				

号 hào 양 일 (號)	丨 口 口 므 号					
	号 hào	号 hào				

买 mǎi 동 사다 (買)	一 一 一 一 买 买					
	买 mǎi	买 mǎi				

跟 gēn 개 ~와/과	丨 口 口 曱 呈 呈 呈 跙 跙 跙 跟 跟 跟					
	跟 gēn	跟 gēn				

过 guò ⑧ 보내다, 지내다 (過)	一 十 寸 寸 讨 过					
	过	过				
	guò	guò				

生日 shēngrì ⑲ 생일	ノ ー ヒ 牛 生 丨 冂 日 日		
	生日		
	shēngrì		

今天 jīntiān ⑲ 오늘	ノ 人 人 今 一 二 于 天		
	今天		
	jīntiān		

星期 xīngqī ⑲ 요일, 주(週)	丨 冂 日 日 戸 早 星 星 一 十 卄 井 井 其 其 期 期 期		
	星期		
	xīngqī		

快乐 kuàilè ⑲ 즐겁다 (快樂)	' 忄 忄 忙 快 快 一 亡 乒 乐 乐		
	快乐		
	kuàilè		

단어 체크 다음 뜻에 해당하는 중국어와 병음을 쓰세요.

❶ 작년 　　　중국어 ＿＿＿＿＿＿＿　　　병음 ＿＿＿＿＿＿＿

❷ 화요일 　　중국어 ＿＿＿＿＿＿＿　　　병음 ＿＿＿＿＿＿＿

❸ 일요일 　　중국어 ＿＿＿＿＿＿＿　　　병음 ＿＿＿＿＿＿＿

❹ 함께 　　　중국어 ＿＿＿＿＿＿＿　　　병음 ＿＿＿＿＿＿＿

❺ 내일 　　　중국어 ＿＿＿＿＿＿＿　　　병음 ＿＿＿＿＿＿＿

03 **문장 체크** 다음 문장의 병음을 쓰고 해석해 보세요.

❶ 我的生日是四月二十号。

병음 ＿＿＿＿＿＿＿＿＿＿＿＿＿＿＿＿＿＿＿＿＿＿＿＿＿

해석 ＿＿＿＿＿＿＿＿＿＿＿＿＿＿＿＿＿＿＿＿＿＿＿＿＿

❷ 今天是星期三。

병음 ＿＿＿＿＿＿＿＿＿＿＿＿＿＿＿＿＿＿＿＿＿＿＿＿＿

해석 ＿＿＿＿＿＿＿＿＿＿＿＿＿＿＿＿＿＿＿＿＿＿＿＿＿

❸ 我跟奶奶一起去公园。

병음 ＿＿＿＿＿＿＿＿＿＿＿＿＿＿＿＿＿＿＿＿＿＿＿＿＿

해석 ＿＿＿＿＿＿＿＿＿＿＿＿＿＿＿＿＿＿＿＿＿＿＿＿＿

04 **어법 체크** 다음 〈보기〉 중 빈칸에 들어갈 알맞은 단어를 고르세요.

> 〈보기〉 月 几 下周 年

❶ 你的生日是星期_____?

❷ 现在是二零二三_____。

❸ 下个_____我去北京。

❹ 我这星期没有时间, _____有时间。

05 **회화 체크** 빈칸에 알맞은 단어를 써서 대화를 완성하세요.

A 你的生日是_____?
　Nǐ de shēngrì shì

B 十月十四号。
　Shí yuè shísì hào.

A 那天是_____?
　Nà tiān shì

B 星期六。
　Xīngqīliù.

chapter 09

你几点下班?

당신은 몇 시에 퇴근해요?

■ 학습일 : _____ / _____
■ 본책 135~146쪽

01 간체자 쓰기 → 획순에 맞게 단어를 써보세요.

点 diǎn 양 시[시각] 통 주문하다 (點)	` ⺊ ⺊ 占 占 占 点 点 点				
	点 diǎn	点 diǎn			

半 bàn ㊉ 절반, 반	` ` ⺊ ⺊ 半				
	半 bàn	半 bàn			

等 děng 통 기다리다	` ⺮ ⺮ ⺮ ⺮ ⺮ 竺 竺 笙 笙 等 等				
	等 děng	等 děng			

到 dào 통 도착하다	⼀ ⼂ ⼂ ⾄ ⾄ 到 到				
	到 dào	到 dào			

先 xiān 🖐 먼저	ノ ┝ 生 生 失 先					
	先	先				
	xiān	xiān				

后 hòu 🖐 뒤, 후 (後)	一 厂 厂 斥 后 后					
	后	后				
	hòu	hòu				

餐厅 cāntīng 🖐 식당, 레스토랑 (餐廳)	` ╵ ╯ ╯ ⺈ 夕 夕 夕 癸 癸 癸 癸 癸 餐 餐 餐 一 厂 厂 厅		
	餐厅		
	cāntīng		

里边 lǐbian 🖐 안쪽 (裏邊)	丨 冂 曰 日 甲 里 里 フ カ カ 边 边		
	里边		
	lǐbian		

分钟 fēnzhōng 🖐 분[시간의 길이를 나타냄] (分鐘)	ノ 八 分 分 ノ 广 片 年 钅 钅 钟 钟 钟		
	分钟		
	fēnzhōng		

단어 체크 다음 뜻에 해당하는 중국어와 병음을 쓰세요.

❶ 보(이)다, 만나다 〔중국어〕_____ 〔병음〕_____

❷ 미안하다, 창피하다 〔중국어〕_____ 〔병음〕_____

❸ 옆쪽 〔중국어〕_____ 〔병음〕_____

❹ 주문하다 〔중국어〕_____ 〔병음〕_____

❺ 퇴근하다 〔중국어〕_____ 〔병음〕_____

03 **문장 체크** 다음 문장의 병음을 쓰고 해석해 보세요.

❶ 我十二点睡觉。

〔병음〕_____

〔해석〕_____

❷ 我们在门口等你。

〔병음〕_____

〔해석〕_____

❸ 我们在餐厅前边。

〔병음〕_____

〔해석〕_____

04 어법 체크 다음 〈보기〉 중 빈칸에 들어갈 알맞은 단어를 고르세요.

> 보기 半　　在　　几　　里边

❶ 明天咱们_____点上课?

❷ 我_____咖啡厅学习。

❸ 他们在学校_____。

❹ 我十点_____睡觉。

05 회화 체크 빈칸에 알맞은 단어를 써서 대화를 완성하세요.

A 你_____下班?
　Nǐ　　　　　xiàbān?

B 我七点_____。
　Wǒ qī diǎn

　咱们七点半见_____。
　Zánmen qī diǎn bàn jiàn

A 好的，我们_____餐厅等你。
　Hǎode, wǒmen　　cāntīng děng nǐ.

chapter 10

我想去玩儿。

나는 놀러 가고 싶어요.

■ 학습일 : _____ / _____
■ 본책 147~158쪽

01 간체자 쓰기 획순에 맞게 단어를 써보세요.

想 xiǎng 조동 ~하고 싶다	一 十 才 木 机 机 相 相 相 想 想 想 想				
	想	想			
	xiǎng	xiǎng			

干 gàn 동 하다 (幹)	一 二 干				
	干	干			
	gàn	gàn			

太 tài 부 너무	一 ナ 大 太				
	太	太			
	tài	tài			

还 hái 부 아직 (還)	一 フ オ 不 不 还 还				
	还	还			
	hái	hái			

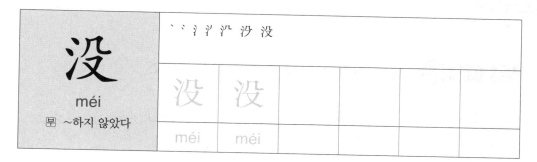

没 méi 뷔 ~하지 않았다	丶 丶 氵 氵 沪 沙 没				
	没	没			
	méi	méi			

周末 zhōumò 몡 주말 (週末)	丿 冂 冂 冃 用 周 周 周 一 三 丰 未 末		
	周末		
	zhōumò		

旅行 lǔxíng 툉 여행하다	丶 一 方 方 方 扩 扩 旅 旅 旅 ʻ ʼ 彳 彳 行 行		
	旅行		
	lǔxíng		

玩儿 wánr 툉 놀다 (玩兒)	一 二 干 王 玕 玗 玗 玩 丿 儿		
	玩儿		
	wánr		

西瓜 xīguā 몡 수박	一 厂 冂 丙 西 西 一 厂 爪 瓜 瓜		
	西瓜		
	xīguā		

❶ 출근하다　　중국어 ＿＿＿＿＿＿＿＿　　병음 ＿＿＿＿＿＿＿＿

❷ ~하고 싶다　　중국어 ＿＿＿＿＿＿＿＿　　병음 ＿＿＿＿＿＿＿＿

❸ 주말　　중국어 ＿＿＿＿＿＿＿＿　　병음 ＿＿＿＿＿＿＿＿

❹ 놀다　　중국어 ＿＿＿＿＿＿＿＿　　병음 ＿＿＿＿＿＿＿＿

❺ ~한 적이 있다　　중국어 ＿＿＿＿＿＿＿＿　　병음 ＿＿＿＿＿＿＿＿

03 문장 체크 ▶ 다음 문장의 병음을 쓰고 해석해 보세요.

❶ 我想回家。

병음 ＿＿＿＿＿＿＿＿＿＿＿＿＿＿＿＿＿＿＿＿＿＿＿＿＿＿

해석 ＿＿＿＿＿＿＿＿＿＿＿＿＿＿＿＿＿＿＿＿＿＿＿＿＿＿

❷ 我去学校学习。

병음 ＿＿＿＿＿＿＿＿＿＿＿＿＿＿＿＿＿＿＿＿＿＿＿＿＿＿

해석 ＿＿＿＿＿＿＿＿＿＿＿＿＿＿＿＿＿＿＿＿＿＿＿＿＿＿

❸ 你见过吗？

병음 ＿＿＿＿＿＿＿＿＿＿＿＿＿＿＿＿＿＿＿＿＿＿＿＿＿＿

해석 ＿＿＿＿＿＿＿＿＿＿＿＿＿＿＿＿＿＿＿＿＿＿＿＿＿＿

어법 체크 다음 문장을 바르게 고치세요.

① 你去想外边吃吗?

→ _____

② 我听没过这个故事。

→ _____

③ 我还不吃过中国菜。

→ _____

④ 他看电影去电影院。

→ _____

05 **회화 체크** 빈칸에 알맞은 단어를 써서 대화를 완성하세요.

A 你_____济州岛吗?
　　Nǐ　　　　　　Jìzhōudǎo ma?

B 我_____没去过。
　　Wǒ　　　méi qùguo.

A 我们周末一起去, _____?
　　Wǒmen zhōumò yìqǐ qù,

B _____好_____!
　　　　　hǎo

chapter 11

他在开会呢。

그는 회의 중이에요.

01 간체자 쓰기 획순에 맞게 단어를 써보세요.

找 zhǎo 동 찾다	一 十 扌 扩 找 找 找					
	找	找				
	zhǎo	zhǎo				

位 wèi 양 분, 명[존칭어]	ノ 亻 亻 亻 位 位 位					
	位	位				
	wèi	wèi				

再 zài 부 다시	一 厂 冂 帀 再 再					
	再	再				
	zài	zài				

给 gěi 개 ~에게 동 주다 (給)	ノ 乆 乆 纟 纱 纱 纱 给 给					
	给	给				
	gěi	gěi				

能 néng 조동 ~할 수 있다	⺈ ⺈ ⺉ 自 自 自 自 能 能 能				
	能	能			
	néng	néng			

打 dǎ 동 (전화를) 걸다	一 十 扌 扩 打				
	打	打			
	dǎ	dǎ			

电话 diànhuà 명 전화 (電話)	⼁ ⼕ ⼌ ⽇ 电 丶 讠 讠 讠 讠 话 话 话		
	电话		
	diànhuà		

开会 kāihuì 동 회의하다 (開會)	一 二 开 开 丿 人 ⼂ ⼂ 会 会		
	开会		
	kāihuì		

上课 shàngkè 동 수업하다 (上課)	⼁ ⼂ 上 丶 讠 讠 讠 讠 课 课 课		
	上课		
	shàngkè		

단어 체크 다음 뜻에 해당하는 중국어와 병음을 쓰세요.

❶ (전화를) 받다 　(중국어)＿＿＿＿＿＿＿　(병음)＿＿＿＿＿＿＿＿

❷ 여보세요 　　(중국어)＿＿＿＿＿＿＿　(병음)＿＿＿＿＿＿＿＿

❸ 수업이 끝나다 　(중국어)＿＿＿＿＿＿＿　(병음)＿＿＿＿＿＿＿＿

❹ 언제 　　　　(중국어)＿＿＿＿＿＿＿　(병음)＿＿＿＿＿＿＿＿

❺ 잠시, 곧 　　(중국어)＿＿＿＿＿＿＿　(병음)＿＿＿＿＿＿＿＿

03 **문장 체크** 다음 문장의 병음을 쓰고 해석해 보세요.

❶ 他在听音乐呢。

(병음)＿＿＿＿＿＿＿＿＿＿＿＿＿＿＿＿＿＿＿＿＿＿＿＿＿＿＿＿＿

(해석)＿＿＿＿＿＿＿＿＿＿＿＿＿＿＿＿＿＿＿＿＿＿＿＿＿＿＿＿＿

❷ 我给他发短信。

(병음)＿＿＿＿＿＿＿＿＿＿＿＿＿＿＿＿＿＿＿＿＿＿＿＿＿＿＿＿＿

(해석)＿＿＿＿＿＿＿＿＿＿＿＿＿＿＿＿＿＿＿＿＿＿＿＿＿＿＿＿＿

❸ 你能帮我吗?

(병음)＿＿＿＿＿＿＿＿＿＿＿＿＿＿＿＿＿＿＿＿＿＿＿＿＿＿＿＿＿

(해석)＿＿＿＿＿＿＿＿＿＿＿＿＿＿＿＿＿＿＿＿＿＿＿＿＿＿＿＿＿

어법 체크 제시된 단어를 배열하여 문장을 완성하세요.

❶ 在 / 你 / 干 / 呢 / 什么

➡ _____

❷ 来 / 他 / 上课 / 能 / 不

➡ _____

❸ 买 / 给姐姐 / 我 / 衣服

➡ _____

❹ 我们 / 正 / 呢 / 开会

➡ _____

회화 체크 빈칸에 알맞은 단어를 써서 대화를 완성하세요.

A _____, 我_____东建，他在吗？
　　　　　　wǒ　　　　Dōngjiàn, tā zài ma?

B 他在开会_____，您是哪_____？
　Tā zài kāihuì　　　　nín shì nǎ

A 我是他朋友，叫小婷。
　Wǒ shì tā péngyou, jiào Xiǎotíng.

B 您一会儿_____吧。
　Nín yíhuìr　　　　ba.

chapter 12

你会弹吉他吗?

당신은 기타를 칠 줄 알아요?

- 학습일 : _____ / _____
- **본책** 171~182쪽

01 간체자 쓰기 획순에 맞게 단어를 써보세요.

会 huì 조통 ~할 줄 알다 (會)	ノ 人 스 스 슛 会				
	会	会			
	huì	huì			

教 jiāo 통 가르치다 (敎)	一 十 土 耂 耂 孝 孝 孝 教 教				
	教	教			
	jiāo	jiāo			

弹 tán 통 (악기를) 치다, 연주하다 (彈)	┐ ┐ 弓 弓 弓 弹 弹 弹 弹 弹				
	弹	弹			
	tán	tán			

写 xiě 통 쓰다 (寫)	' 宀 写 写 写				
	写	写			
	xiě	xiě			

爱好 àihào 명 취미 (愛好)	一 ニ ィ ィ ㎜ ㎜ 严 严 爱 爱 く 夕 女 女 好 好		
	爱好		
	àihào		

滑雪 huáxuě 명 스키 동 스키를 타다	、 冫 冫 汒 汩 泪 浔 浔 滑 滑 滑 一 厂 戸 币 币 雪 雪 雪 雪 雪 雪		
	滑雪		
	huáxuě		

跳舞 tiàowǔ 동 춤추다	㇆ 口 口 口 ㇆ ㇆ 戸 跌 趴 趴 跳 跳 跳 ノ ㇒ ㇓ 午 午 午 無 無 舞 舞 舞 舞 舞 舞		
	跳舞		
	tiàowǔ		

运动 yùndòng 동 운동하다 (運動)	一 二 テ 云 云 运 运 一 二 テ 云 訂 动		
	运动		
	yùndòng		

可以 kěyǐ 조동 ~할 수 있다, ~해도 되다	一 厂 厅 ㄇ 可 ㇄ ㇄ 以 以		
	可以		
	kěyǐ		

단어 체크 다음 뜻에 해당하는 중국어와 병음을 쓰세요.

① 기타(guitar) 　중국어 _____ 　병음 _____

② 한자 　중국어 _____ 　병음 _____

③ ~하려고 하다 　중국어 _____ 　병음 _____

④ 그러나, 하지만 　중국어 _____ 　병음 _____

⑤ 다음 주 　중국어 _____ 　병음 _____

03 **문장 체크** 다음 문장의 병음을 쓰고 해석해 보세요.

① 你会开车吗?

　병음 _____

　해석 _____

② 我要睡觉。

　병음 _____

　해석 _____

③ 我可以等你。

　병음 _____

　해석 _____

04 **어법 체크** 빈칸에 들어갈 알맞은 단어를 고르세요.

❶ 我不_____做菜。(能 / 会)

나는 요리를 할 줄 모른다.

❷ 我_____抽烟吗? (可以 / 会)

담배를 피워도 되나요?

❸ 我不_____看书。(想 / 要)

나는 책을 보고 싶지 않다.

❹ 我_____学汉语。(要 / 可以)

나는 중국어를 배우려고 한다.

05 **회화 체크** 빈칸에 알맞은 단어를 써서 대화를 완성하세요.

A 你的爱好_____?

Nǐ de àihào

B 我喜欢滑雪。_____?

Wǒ xǐhuan huáxuě.

A _____是弹吉他。

shì tán jítā.

你_____弹吉他吗?

Nǐ　　　　dàn jítā ma?

B 我不会_____吉他。

Wǒ bú huì　　　jítā.

정답

01 你好!

2　① 不客气 / bú kèqi
　　② 您 / nín　　　③ 不 / bù
　　④ 她 / tā　　　⑤ 也 / yě

3　① Lǎoshī hǎo!　　② Dàjiā hǎo!
　　③ Nǐ kě ma?

4　① 你们好!　　　② 我不忙。
　　③ 他也很饿。　　④ 你们累吗?

5　A 你忙吗?
　　B 我很忙。你呢?
　　A 我也很忙。

02 他是谁?

2　① 中国 / Zhōngguó
　　② 什么 / shénme　③ 吃 / chī
　　④ 书 / shū　　　⑤ 人 / rén

3　① Zhè shì niúnǎi.
　　② Wǒ shì Hánguórén.
　　③ Tā shì Měiguórén.

4　① 是　　② 哪　　③ 吧　　④ 这

5　A 这是什么?
　　B 这是中国饼干。
　　A 好吃吗?
　　B 很好吃,你也吃吧。

03 我看电影。

2　① 买 / mǎi　　　② 电影 / diànyǐng
　　③ 音乐 / yīnyuè
　　④ 有意思 / yǒu yìsi
　　⑤ 喜欢 / xǐhuan

3　① Wǒ kàn diànshì.
　　② Wǒ xǐhuan tīng yīnyuè.
　　③ Wǒ xǐhuan chī Zhōngguó cài.

4　① 你看什么电影?　② 我喝咖啡。
　　③ 她不买衣服。
　　④ 你喜欢吃什么?

5　A 你喝什么?
　　B 我喝茶。
　　A 你喜欢喝咖啡吗?
　　B 我不喜欢喝咖啡。

04 他在哪儿?

2　① 公司 / gōngsī　② 超市 / chāoshì
　　③ 手机 / shǒujī　④ 北京 / Běijīng
　　⑤ 咖啡厅 / kāfēitīng

3　① Nǐ tīng bu tīng?　② Tā zài jīchǎng.
　　③ Tā zài fángjiān.

4　① 你饿不饿? 또는 你饿吗?
　　② 爸爸不在公司。
　　③ 你去哪儿? 또는 你去哪里?
　　④ 他是不是你弟弟?

5　A 我们去咖啡厅,你去不去?
　　B 我不去。
　　A 你去哪儿?
　　B 我去邮局。

05 你叫什么名字?

2　① 大学生 / dàxuéshēng
　　② 姓 / xìng　　　③ 岁 / suì
　　④ 现在 / xiànzài　⑤ 名字 / míngzi

3　① Lǎoshī, nín guìxìng?
　　② Wǒ jīnnián shíjiǔ suì.
　　③ Tā jiào shénme míngzi?

4 ① 我姓朴，叫朴东建。
② 她今年五十岁。
③ 你几岁？　　④ 我不姓王。

5 A 你今年多大？
B 我今年二十七岁。
A 你是大学生吗？
B 不是，我现在工作。

06 你家有几口人？

2 ① 爷爷 / yéye　② 汉语 / Hànyǔ
③ 医生 / yīshēng　④ 哥哥 / gēge
⑤ 银行 / yínháng

3 ① Nǐ jiā yǒu jǐ kǒu rén?
② Wǒ jiā yǒu liǎng kǒu rén.
③ Wǒ shì gōngsī zhíyuán.

4 ① 都　② 有　③ 也　④ 做

5 A 你爸爸、妈妈身体好吗？
B 他们身体都很好。
A 你爸爸做什么工作？
B 他是银行职员。

07 这个果汁多少钱？

2 ① 大 / dà　　② 苹果 / píngguǒ
③ 怎么 / zěnme　④ 多少 / duōshao
⑤ 请问 / qǐngwèn

3 ① Dàngāo duōshao qián?
케이크는 얼마예요?

② Wǒ yào yì běn shū.
책 한 권 주세요.

③ Zhège liǎng kuài qián.
이건 2위안이에요.

4 ① 瓶　② 个　③ 只　④ 件

5 A 这个果汁多少钱？
B 一杯十二块钱。
A 您要几杯？
B 我要两杯。

**08 你的生日是
几月几号？**

2 ① 去年 / qùnián
② 星期二 / xīngqī'èr
③ 星期天 / xīngqītiān 또는 星期日 /
xīngqīrì 또는 礼拜天 / lǐbàitiān
④ 一起 / yìqǐ　　⑤ 明天 / míngtiān

3 ① Wǒ de shēngrì shì sì yuè èrshí hào.
내 생일은 4월 20일이에요.

② Jīntiān shì xīngqīsān.
오늘은 수요일이에요.

③ Wǒ gēn nǎinai yìqǐ qù gōngyuán.
나는 할머니와 함께 공원에 가요.

4 ① 几　② 年　③ 月　④ 下周

5 A 你的生日是几月几号？
B 十月十四号。
A 那天是星期几？
B 星期六。

09 你几点下班？

2 ① 见 / jiàn　② 不好意思 / bù hǎoyìsi
③ 旁边 / pángbiān　④ 点 / diǎn
⑤ 下班 / xiàbān

3 ① Wǒ shí'èr diǎn shuìjiào.
나는 12시에 자요.

② Wǒmen zài ménkǒu děng nǐ.
우리는 입구에서 당신을 기다릴게요.

③ Wǒmen zài cāntīng qiánbian.
우리는 식당 앞에 있어요.

4 ① 几　　② 在　　③ 里边　　④ 半

5 A 你几点下班?
　　B 我七点下班。
　　　咱们七点半见吧。
　　A 好的，我们在餐厅等你。

10 我想去玩儿。

2 ① 上班 / shàngbān
　　② 想 / xiǎng　　③ 周末 / zhōumò
　　④ 玩儿 / wánr　　⑤ 过 / guo

3 ① Wǒ xiǎng huíjiā.
　　　나는 집으로 돌아가고 싶어요.

　　② Wǒ qù xuéxiào xuéxí.
　　　나는 학교에 공부하러 가요.

　　③ Nǐ jiànguo ma?
　　　당신은 만나 본 적 있어요?

4 ① 你想去外边吃吗?
　　② 我没听过这个故事。
　　③ 我还没吃过中国菜。
　　④ 他去电影院看电影。

5 A 你去过济州岛吗?
　　B 我还没去过。
　　A 我们周末一起去，怎么样?
　　B 太好了!

11 他在开会呢。

2 ① 接 / jiē　　　　② 喂 / wéi
　　③ 下课 / xiàkè
　　④ 什么时候 / shénme shíhou
　　⑤ 一会儿 / yíhuìr

3 ① Tā zài tīng yīnyuè ne.
　　　그는 음악을 듣고 있어요.

② Wǒ gěi tā fā duǎnxìn.
　 나는 그에게 문자 메시지를 보내요.

③ Nǐ néng bāng wǒ ma?
　 당신은 나를 도와줄 수 있어요?

4 ① 你在干什么呢?
　　② 他不能来上课。
　　③ 我给姐姐买衣服。
　　④ 我们正开会呢。

5 A 喂，我找东建，他在吗?
　　B 他在开会呢，您是哪位?
　　A 我是他朋友，叫小婷。
　　B 您一会儿再打吧。

12 你会弹吉他吗?

2 ① 吉他 / jítā　　② 汉字 / Hànzì
　　③ 要 / yào　　　④ 可是 / kěshì
　　⑤ 下周 / xià zhōu

3 ① Nǐ huì kāichē ma?
　　　당신은 운전할 줄 알아요?

　　② Wǒ yào shuìjiào.
　　　나는 잘 거예요.

　　③ Wǒ kěyǐ děng nǐ.
　　　나는 당신을 기다릴 수 있어요.

4 ① 会　　　　　② 可以
　　③ 想　　　　　④ 要

5 A 你的爱好是什么?
　　B 我喜欢滑雪。你呢?
　　A 我的爱好是弹吉他。
　　　你会弹吉他吗?
　　B 我不会弹吉他。

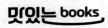